16	3	2	13
5	10	11	8
9	6	7	12
4	15	14	1

coleção TRANS

Gilles Deleuze

EMPIRISMO E SUBJETIVIDADE
Ensaio sobre a natureza humana segundo Hume

Tradução
Luiz B. L. Orlandi

editora■34

EDITORA 34

Editora 34 Ltda.
Rua Hungria, 592 Jardim Europa CEP 01455-000
São Paulo - SP Brasil Tel/Fax (11) 3811-6777 www.editora34.com.br

Copyright © Editora 34 Ltda. (edição brasileira), 2001
Empirisme et subjectivité © Presses Universitaires de France, Paris, 1953

Cet ouvrage, publié dans le cadre du programme de participation à la publication, bénéficie du soutien du Ministère français des Affaires Etrangères, de l'Ambassade de France au Brésil et de la Maison Française de Rio de Janeiro.
Este livro, publicado no âmbito do programa de participação à publicação, contou com o apoio do Ministério francês das Relações Exteriores, da Embaixada da França no Brasil e da Maison Française do Rio de Janeiro.

A FOTOCÓPIA DE QUALQUER FOLHA DESTE LIVRO É ILEGAL E CONFIGURA UMA APROPRIAÇÃO INDEVIDA DOS DIREITOS INTELECTUAIS E PATRIMONIAIS DO AUTOR.

Edição conforme o Acordo Ortográfico da Língua Portuguesa.

Capa, projeto gráfico e editoração eletrônica:
Bracher & Malta Produção Gráfica

Revisão:
Fernão de Oliveira Salles
Alexandre Barbosa de Souza

1ª Edição - 2001 (2 Reimpressões),
2ª Edição - 2012 (1ª Reimpressão - 2020)

Catalogação na Fonte do Departamento Nacional do Livro
    (Fundação Biblioteca Nacional, RJ, Brasil)

Deleuze, Gilles, 1925-1995
D366e   Empirismo e subjetividade: ensaio sobre a
natureza humana segundo Hume / Gilles Deleuze;
tradução de Luiz B. L. Orlandi. — São Paulo:
Editora 34, 2012 (2ª Edição).
168 p. (Coleção TRANS)

ISBN 978-85-7326-210-0

Tradução de: Empirisme et subjectivité

    1. Hume, David, 1711-1776. 2. A Treatise
of Human Nature. I. Orlandi, Luiz B. L. II. Título.
III. Série.

CDD - 192

EMPIRISMO E SUBJETIVIDADE
Ensaio sobre a natureza humana segundo Hume

1. Problema do conhecimento e problema moral 9
2. O mundo da cultura e as regras gerais 31
3. O poder da imaginação na moral e no conhecimento 55
4. Deus e o Mundo 81
5. Empirismo e subjetividade 99
6. Os princípios da natureza humana 127

Conclusão: A finalidade 147

Índice de nomes e correntes filosóficas 161
Bibliografia de Gilles Deleuze 162
Sobre o autor 165
Sobre o tradutor 166

*a Jean Hyppolite,
homenagem sincera e respeitosa*

A paginação da primeira edição francesa (Gilles Deleuze, *Empirisme et subjectivité: essai sur la nature humaine selon Hume*, Paris, PUF, 1953) está anotada entre colchetes ao longo desta tradução. No final do volume foi acrescentado um índice de nomes e correntes, sendo que as páginas nele referidas correspondem àquela paginação da edição original.

Sobre a presente edição: 1) aparecem alguns ajustes terminológicos em relação à edição de 2001 e também inúmeras correções, muitas delas propiciadas pela atenciosa leitura de Rafael Fernandes Barros de Souza, a quem muito agradeço; 2) as centenas de notas em que Deleuze cita páginas da tradução francesa do *Tratado da natureza humana* estão agora acompanhadas pela indicação, entre colchetes, das páginas da tradução brasileira do mesmo tratado feita a partir do inglês: David Hume, *Tratado da natureza humana*, tr. br. de Débora Danowski, São Paulo, Editora Unesp/Imprensa Oficial do Estado, 2001. Os desencontros entre as respectivas traduções não foram objeto de análise, pois era preciso manter, em português, o modo como Deleuze trata, em francês, o texto de Hume.

Luiz B. L. Orlandi

1.
PROBLEMA DO CONHECIMENTO
E PROBLEMA MORAL
[1]

Hume propõe-se fazer uma ciência do homem. Qual é o seu projeto fundamental? Uma escolha se define sempre em função daquilo que ela exclui, de modo que um projeto histórico é uma substituição lógica. Para Hume, trata-se de substituir *uma psicologia do espírito por uma psicologia das afecções do espírito*.* A psicologia do espírito é impossível; ela não é passível de constituição, pois não pode encontrar em seu objeto nem a constância nem a universalidade necessárias; somente uma psicologia das afecções pode constituir a verdadeira ciência do homem.

Nesse sentido, Hume é um moralista, um sociólogo, antes de ser um psicólogo: o *Tratado* mostrará que as duas formas sob as quais o espírito é *afetado* são, essencialmente, o *passional* e o *social*. E as duas se implicam, assegurando a unidade do objeto de uma ciência autêntica. De um lado, a sociedade reclama, espera de cada um dos seus membros o exercício de reações constantes, a presença de paixões suscetíveis de propiciar móbeis e fins, características coletivas ou particulares: "Um soberano que impõe um tributo aos seus súditos conta com sua submissão".[1] Por outro lado, as paixões implicam a sociedade como meio oblíquo de se satisfazerem.[2] Na história, essa coe-

---

* Traduziremos *"esprit"* — termo com o qual os franceses traduzem a palavra inglesa *"mind"*, isto é, "mente" — por "espírito", pois o objeto desta tradução é um livro escrito em francês. (N. do T.)

[1] David Hume [1711-1776], *Traité de la nature humaine* [*A Treatise of Human Nature*, 1739-40], tradução francesa de André Leroy, Paris, Aubier, 1946, p. 513. [Doravante *Tr.*, seguido da paginação da tradução francesa. Embora Deleuze use o texto francês, manteremos à vista o original inglês: *A Treatise of Human Nature*, ed. Selby-Bigge/Nidditch].

[2] *Tr.*, 641 [461 tr. br. referida].

rência do passional e do social se revela enfim como unidade interna: a história tem por objeto a organização política *[2]* e a instituição, estuda as conexões motivo-ação no máximo de circunstâncias dadas, manifesta a uniformidade das paixões do homem. Em resumo, e de maneira extravagante, a escolha do psicólogo poderia exprimir-se assim: ser um moralista, um sociólogo e um historiador *antes* de ser um psicólogo e *para* ser um psicólogo. Aqui, o conteúdo do projeto da ciência do homem reúne-se à condição que torna possível um conhecimento em geral: é preciso que o espírito seja afetado. Por si mesmo, em si mesmo, o espírito não é uma natureza, não é objeto de ciência. A questão de que Hume tratará é a seguinte: *como o espírito devém uma natureza humana?*

É verdade que a afecção passional *e* social é somente uma parte da natureza humana. Há outra parte, o entendimento, a associação de ideias. Mas é por convenção que se fala assim, pois o verdadeiro sentido do entendimento, nos diz Hume, é justamente tornar sociável uma paixão, tornar social um interesse. O entendimento reflete o interesse. Se podemos considerá-lo *à parte*, isto é, como parte separada, fazemo-lo à maneira do físico que decompõe um movimento, mas reconhecendo que ele é indivisível, não composto.[3] Não esqueceremos, portanto, que dois pontos de vista coexistem em Hume: de uma certa maneira, a ser ainda tornada precisa, a paixão e o entendimento apresentam-se como duas partes distintas; porém, em si, o entendimento é tão somente o movimento da paixão que devém social. Ora veremos o entendimento e a paixão formar dois problemas separados, ora veremos que aquele se subordina a esta. Eis aí por que o entendimento, mesmo estudado separadamente, deve antes de tudo fazer-nos compreender melhor o sentido em geral da questão precedente.

[3] Hume afirma constantemente a identidade do espírito, da imaginação e da ideia. O espírito não é natureza, não tem natureza. Ele é idêntico à ideia no espírito. A ideia é o dado tal como é ele dado, é a experiência. O espírito é dado. É uma coleção de ideias, nem mesmo um sistema. E poder-se-ia exprimir assim a questão precedente:

[3] *Tr.*, 611 [533-4].

como uma coleção devém um sistema? A coleção de ideias denomina-se imaginação, uma vez que esta designa não uma faculdade mas um conjunto, o conjunto das coisas, no mais vago sentido da palavra, que são o que parecem: coleção sem álbum, peça sem teatro ou fluxo de percepções. "A comparação com o teatro não nos deve enganar [...] Não temos o mais remoto conhecimento do lugar em que se representam essas cenas, nem dos materiais de que ele seria constituído."[4] O lugar não é diferente daquilo que se passa ali; a representação não está em um sujeito. Precisamente, a questão pode ainda ser assim formulada: *como o espírito devém um sujeito?* Como a imaginação devém uma faculdade?

Sem dúvida, Hume constantemente repete que a ideia está *na* imaginação. Mas, aqui, a preposição não marca a inerência a um sujeito qualquer; ao contrário, ela é metaforicamente empregada para excluir do espírito como tal uma atividade distinta, a do movimento da ideia, para assegurar, assim, a identidade do espírito e da ideia no espírito. A preposição significa que a imaginação não é um fator, um agente, uma determinação determinante; é um lugar, que é preciso localizar, isto é, fixar, é um determinável. Nada se faz *pela* imaginação, tudo se faz *na* imaginação. Ela nem mesmo é uma faculdade de formar ideias: a produção da ideia pela imaginação é tão só uma reprodução da impressão na imaginação. Ela tem certamente sua atividade; mas essa própria atividade carece de constância e uniformidade, [4] é fantasista e delirante, é o movimento de ideias, o conjunto de suas ações e reações. Como lugar de ideias, a fantasia é a coleção dos indivíduos separados. Como liame de ideias, ela é o movimento que percorre o universo,[5] engendrando dragões de fogo, cavalos alados, gigantes monstruosos.[6] O fundo do espírito é delírio, ou, o que vem a ser o mesmo sob outros pontos de vista, acaso, indiferença.[7] Por si mesma, a imaginação não é uma natureza, mas uma fantasia. A constância e a uniformidade não estão nas ideias que tenho. Tam-

---

[4] *Tr.*, 344 [285].

[5] *Tr.*, 90 [48].

[6] *Tr.*, 74 [34].

[7] *Tr.*, 206 [158]: A indiferença como "situação primitiva" do espírito.

pouco estão elas na maneira *pela qual as ideias são ligadas pela imaginação*: essa ligação efetua-se ao acaso.[8] A generalidade da ideia não é um caráter da ideia, não pertence à imaginação: não é a natureza de uma espécie de ideias, mas um *papel* que toda ideia pode desempenhar sob a influência de outros princípios.

Quais são esses outros princípios? Como a imaginação devém uma natureza humana? A constância e a uniformidade estão somente na maneira *pela qual as ideias são associadas na imaginação*. Em seus três princípios (contiguidade, semelhança e causalidade), a associação ultrapassa a imaginação, é algo distinto desta. A associação afeta a imaginação. Encontra nesta seu termo e seu objeto, não sua origem. A associação é uma qualidade que une as ideias, não uma qualidade das próprias ideias.[9]

Veremos que, na crença e por causalidade, o sujeito *ultrapassa* o dado. Literalmente, ele ultrapassa aquilo que o espírito lhe dá: [5] creio naquilo que nem vi nem toquei. Mas se o sujeito pode, assim, ultrapassar o dado, é porque ele, *no espírito*, é *antes de mais nada* o efeito de princípios que ultrapassam o espírito, que o afetam. Antes que possa haver aí uma crença, os três princípios de associação organizaram o dado como um sistema, impondo à imaginação uma constância que ela não tem por si mesma e sem a qual ela jamais seria uma natureza humana, atribuindo liames às ideias, princípios de união, que são as qualidades originais dessa natureza e não qualidades próprias da ideia.[10] O privilégio da causalidade está em que somente ela pode nos fazer afirmar a existência, nos fazer crer, pois ela confere à ideia do objeto uma solidez, uma objetividade que essa ideia não teria se o objeto estivesse associado somente por contiguidade ou por semelhan-

---

[8] *Tr.*, 75 [34].

[9] *Tr.*, 75 [34], texto essencial: "Uma vez que a imaginação pode separar todas as ideias simples, e uni-las novamente sob qualquer forma que lhe apraza, nada seria mais inexplicável que as operações dessa faculdade se alguns princípios universais não a guiassem, princípios que, em certa medida, a tornam uniforme em qualquer tempo e lugar. Se as ideias estivessem inteiramente destacadas de todo liame e de toda conexão, só o acaso as reuniria etc.".

[10] *Tr.*, 75 e 315 [34 e 258]: o desaparecimento dos princípios traria imediatamente consigo "a perda e a ruína da natureza humana".

ça à impressão presente.[11] Mas esses dois outros princípios desempenham com a causalidade um papel comum: eles já fixam o espírito, eles o naturalizam; eles preparam a crença e a acompanham. Vê-se o fundo único do empirismo: é porque a natureza humana em seus princípios ultrapassa o espírito, que nada no espírito ultrapassa a natureza humana; nada é transcendental. A associação é uma regra da imaginação, não um produto, não uma manifestação do livre exercício desta. A associação guia a imaginação, torna-a uniforme e a coage.[12] Nesse sentido, as ideias são ligadas no espírito, não por ele.[13] A natureza humana é a imaginação, mas que outros princípios tornaram constante, fixaram. É verdade que nessa própria definição encontra-se uma dificuldade. Por que a natureza humana é a imaginação regrada mais do que a regra apreendida em seu poder ativo? Como se pode dizer que *[6]* a imaginação *devém* uma natureza, visto não ter ela em si mesma uma razão do seu devir? A resposta é simples. Por essência, os princípios referem-se ao espírito que eles afetam, a natureza refere-se à imaginação e todo o seu sentido é qualificá-la. A associação é uma lei da natureza; como toda lei, ela se define pelos seus efeitos, não por uma causa. Do mesmo modo, em plano totalmente distinto, Deus poderá chamar-se Causa; de maneira frutífera, poderão ser invocadas a harmonia preestabelecida e a finalidade.[14] A conclusão dos *Diálogos*, do *Ensaio* sobre os milagres e do *Ensaio* sobre a imortalidade é coerente. Uma causa pode sempre ser *pensada* como algo em si, algo que transcende todas as analogias pelas quais lhe é dado um determinado conteúdo na experiência e pelo conheci-

---

[11] *Tr.*, 147, 185, 187 [102-3, 137, 140].

[12] *Tr.*, 75 [34].

[13] *Tr.*, 78 [37]: "[...] Essa qualidade pela qual duas ideias são ligadas na imaginação".

[14] Hume, *Enquête sur l'entendement humain* [*An Enquiry Concerning Human Understanding*, 1748], tradução francesa de André Leroy, Paris, Aubier--Montaigne, 1947, p. 101. [Doravante *EEH*, seguido da paginação da tradução francesa.] A finalidade é o acordo dos princípios da natureza humana com a própria Natureza: "Eis, portanto, uma espécie de harmonia preestabelecida entre o curso da Natureza e a sucessão de nossas ideias".

mento.[15] Nem por isso a filosofia, como ciência do homem, tem de procurar causa; ela deve escrutar efeitos. A causa não pode ser *conhecida*; não há uma causa dos princípios, uma origem do seu poder. O original é seu efeito sobre a imaginação.

Esse efeito da associação vai manifestar-se sob três formas.[16] Ou a ideia apodera-se do papel que a torna capaz de representar todas as ideias às quais ela é associada por semelhança na imaginação: ideia geral. Ou a união das ideias *pelo* espírito adquire uma regularidade que ela não tinha, uma vez que "a natureza, de algum modo, indicaria a cada um as ideias simples mais apropriadas para se unirem em uma ideia complexa":[17] substância e modo. Ou então uma ideia introduz nele uma outra ideia:[18] relação.* Nos três casos, o efeito da associação é a cômoda passagem do espírito de uma ideia à outra; a essência da *[7]* relação é a transição fácil.[19] O espírito, devindo natureza, tem *tendência*.

Mas no próprio momento em que a natureza se refere à ideia, visto que ela a associa no espírito, a ideia não adquire qualidade nova alguma que lhe seja própria e que ela possa atribuir ao seu objeto; nenhuma espécie de ideia nova aparece. As ideias são uniformemente reatadas, mas sem que as relações sejam o objeto de uma ideia. Hume adverte, assim, que a ideia geral deve ser representada, mas tão somente na *fantasia*, sob a forma de uma ideia particular que tem uma quantidade e uma qualidade determinadas.[20] *Por um lado*, a imaginação não pode devir em si uma natureza sem continuar sendo para si uma fantasia. Além disso, a fantasia encontra aqui toda uma nova exten-

---

[15] Hume, *Dialogues sur la religion naturelle* [*Dialogues Concerning Natural Religion*, 1751-55], tradução francesa de Maxime David, pp. 244 ss. [Doravante *DRN*, seguido da paginação da tradução francesa.]

[16] *Tr.*, 78 [37].

[17] *Tr.*, 75 [35].

[18] *Tr.*, 78 [37].

* "Relação" traduz "*relation*". "Conexão" traduz "*connexion*" e "*rapport*". (N. do T.)

[19] *Tr.*, 352 [292].

[20] *Tr.*, 103 [60].

são; ela sempre poderá invocar as relações, tomar emprestada a roupagem da natureza, formar regras gerais que ultrapassam o campo determinado do conhecimento legítimo, estendendo o conhecimento para além dos seus próprios limites. Ela fará com que *suas* fantasias passem: um irlandês não pode ser espirituoso; um francês não pode ter solidez.[21] E para aniquilar o efeito dessas regras extensivas, para reconduzir a si o conhecimento, será preciso o exercício de outras regras, entendidas estas como corretivas. Em um grau menor de atividade fantasista, a imaginação não deixará de duplicá-la quando apresentar-se uma relação, não deixará de reforçá-la com outras relações, todavia indevidas.[22]

Por outra parte, o espírito não pode ser ele próprio ativado pelos princípios da natureza sem permanecer passivo. Ele sofre efeitos. A relação não é o que liga, mas o que é ligado; a causalidade, por exemplo, é paixão, *[8]* impressão de reflexão,[23] "efeito da semelhança".[24] Ela é *sentida*.[25] É uma percepção do espírito, não uma conclusão do entendimento: "Não devemos contentar-nos em dizer que a ideia da causa e do efeito nasce da união constante de objetos; mas devemos afirmar que ela é idêntica à ideia desses objetos".[26] Em resumo, a relação necessária está certamente no sujeito, *mas enquanto ele contempla*.[27] Eis aí por que Hume ora insiste no paradoxo de sua tese, sob um aspecto negativo, ora insiste em sua ortodoxia, sob um aspecto positivo, objetivo. Ao passo que a necessidade está no sujeito, a relação

---

[21] *Tr.*, 231 [179-80].

[22] *Tr.*, 328 [269-70]: "Quando colocamos corpos em ordem, nunca deixamos de posicionar contíguos uns aos outros aqueles que se assemelham ou que, pelo menos, sejam vistos sob pontos de vista correspondentes. Por que isso? Só pode ser porque experimentamos uma satisfação em unir a relação de contiguidade à de semelhança, ou a semelhança das situações à semelhança das qualidades". Cf. *Tr.*, 623-4, nota 2 [545-6, nota 2].

[23] *Tr.*, 252 [199].

[24] *Tr.*, 251 [198].

[25] *Tr.*, 514 [442].

[26] *Tr.*, 514 [441-2].

[27] *Tr.*, 254 [201].

necessária é, nas coisas, somente uma conjunção constante; *a necessidade é tão somente isso*.[28] Mas ela está no sujeito enquanto ele contempla, não enquanto age:[29] a conjunção constante é *toda* a relação necessária.[30] Em Hume, a determinação não é determinante, mas determinada. Quando Hume fala de um ato do espírito, de uma tendência, ele não quer dizer que o espírito seja ativo, mas que é ativado, que está em devir sujeito. O paradoxo coerente da filosofia de Hume é apresentar uma subjetividade que se ultrapassa e que nem por isso é menos passiva. A subjetividade é determinada como um efeito, é uma *impressão de reflexão*. O espírito devém sujeito ao ser afetado pelos princípios.

A natureza só pode ser cientificamente estudada em seus efeitos [9] sobre o espírito, mas a única e verdadeira ciência do espírito deve ter por objeto a natureza.

"A natureza humana é a única ciência do homem."[31]

Isso quer dizer, ao mesmo tempo, que a psicologia das afecções desqualifica a psicologia do espírito e que as afecções qualificam o espírito. Explica-se assim uma ambiguidade. Em Hume, assiste-se ao desenvolvimento desigual de duas inspirações muito diversas. De um lado, a psicologia do espírito é uma psicologia da ideia, dos elementos simples ou dos *minima*, dos indivisíveis: ela ocupa, essencialmente, a segunda parte do sistema do entendimento, "as ideias de espaço e de tempo". É o *atomismo*. Por outro lado, a psicologia da natureza humana é uma psicologia das tendências, ou, antes, até mesmo uma

[28] *Tr.*, 254, 256 [201, 202].

[29] *Tr.*, 517 [444].

[30] *Tr.*, 508 [436]: "Todo objeto, em certo grau e certa direção de movimento, está determinado por um destino absoluto, e não pode contrariar essa linha precisa, segundo a qual ele se move, assim como não pode transformar-se em anjo, espírito ou substância superior. *Os exemplos da matéria devem, portanto, ser considerados como exemplos de ações necessárias*; e tudo aquilo que, a esse respeito, está em igualdade com a matéria, deve ser tido como necessário" (sublinhado por Gilles Deleuze).

[31] *Tr.*, 366 [305].

antropologia, uma ciência da prática e, sobretudo, da moral, da política e da história; finalmente, uma verdadeira crítica da psicologia, pois ela encontra a realidade do seu objeto dado em todas as determinações que não são dadas em uma ideia, em todas as qualidades que ultrapassam o espírito. Esta segunda inspiração é o *associacionismo*. Confundir associacionismo e atomismo é um contrassenso estranho. Mais precisamente: por que a primeira inspiração, sobretudo na teoria do espaço, subsiste em Hume? Nós o vimos: se bem que a psicologia das afecções contenha em seu projeto a crítica e a exclusão de uma psicologia do espírito como ciência cuja constituição é impossível, ela não deixa de conter em seu objeto a referência essencial ao espírito como termo das qualificações da natureza. Porque o espírito, por si mesmo, é uma coleção de átomos, a verdadeira psicologia não é imediatamente e nem diretamente possível: princípios só fazem do próprio espírito um objeto de ciência possível ao lhe darem, inicialmente, uma natureza objetiva. Portanto, Hume não faz uma psicologia atomista; ele mostra, no *[10]* atomismo, um estado do espírito que não permite uma psicologia. Assim sendo, não se poderá censurar a Hume o ter negligenciado o importante problema das condições da ciência do homem. Pode-se mesmo indagar se os autores modernos não repetem o projeto da filosofia de Hume, quando põem em correspondência cada momento positivo da ciência do homem com uma crítica assídua do atomismo, tratando a este, então, menos como uma tese histórica e localizada e mais como a ideia em geral daquilo que a psicologia não pode ser, e condenando-o em nome dos direitos concretos da caracterologia e da sociologia, do passional ou do social.

"O *espírito*", dizia Comte a propósito das psicologias impossíveis, "tornou-se o tema quase exclusivo de suas especulações, e as diversas faculdades afetivas, aliás, foram quase inteiramente negligenciadas e subordinadas à inteligência. Portanto, o conjunto da *natureza humana* foi retraçado de maneira muito infiel por esses vãos sistemas."[32]

---

[32] Cf. Auguste Comte, *Cours de philosophie positive*, Paris, Schleicher Frères, 1908, t. III, p. 41.

Todos os bons autores concordam pelo menos quanto à impossibilidade de uma psicologia do espírito. Eis por que criticam com tanta diligência toda identificação da consciência com o conhecimento. Diferem somente na determinação dos fatores que dão uma natureza ao espírito. Ora esses fatores são o corpo, a matéria, devendo então a psicologia dar lugar à fisiologia; ora são princípios particulares, um equivalente psíquico da matéria no qual a psicologia encontra, ao mesmo tempo, seu objeto possível e sua condição científica. Com os princípios de associação, Hume escolheu esta última via, a mais difícil ou a mais audaciosa. Donde sua simpatia pelo materialismo e, ao mesmo tempo, sua reticência.

Até agora, mostramos somente que o problema da filosofia de Hume era este: como o espírito *[11]* devém uma natureza? Mas *por que* espírito? É preciso retomar tudo isso em outro plano. O problema de Hume diz respeito exclusivamente ao fato; ele é empírico. *Quid facti?* Qual é o fato do conhecimento? A transcendência ou o ultrapassamento; afirmo mais do que sei, meu juizo ultrapassa a ideia. Em outros termos: *sou um sujeito*. Digo: César está morto, o sol se levantará amanhã, Roma existe, falo em geral e creio, estabeleço conexões, é um fato, uma prática. Qual é o fato no conhecimento. *O fato é* que não se pode exprimir essas práticas sob a forma de uma ideia sem que esta deixe de ser imediatamente contraditória. Por exemplo, incompatibilidade da ideia geral ou abstrata com a natureza de uma ideia,[33] ou de uma conexão real entre os objetos com os objetos aos quais é ela aplicada.[34] A incompatibilidade é tanto mais decisiva quanto mais é ela imediata, imediatamente decidida.[35] Hume não chega a isso ao término de uma longa discussão; *ele parte disso*, de modo que o enun-

---

[33] *Tr.*, 84 [43]: "É uma contradição nos termos; isso implica até mesmo a mais manifesta das contradições, a saber, que é possível uma mesma coisa ser e, ao mesmo tempo, não ser".

[34] *Tr.*, 255 [202].

[35] Jean Laporte mostrou bem, em Hume, o caráter imediatamente contraditório tomado por uma prática exprimida como ideia. Neste sentido, a fórmula impossível da abstração é esta: como de 1 fazer 2? E a da conexão necessária é esta: como de 2 fazer 1? Cf. *Le Problème de l'abstraction*.

ciado da contradição ganha naturalmente o porte de um desafio primordial, única relação do filósofo com outrem no sistema do entendimento.[36] "Mostrai-me a ideia que pretendeis ter." E o que está em jogo no desafio é a psicologia do espírito. Com efeito, o dado, a experiência tem agora dois sentidos, e inversos. O dado é a ideia tal qual é ela dada no espírito, sem nada que a ultrapasse, nem mesmo e muito menos o espírito, desde já idêntico à ideia. Mas também o ultrapassamento é dado, em sentido totalmente distinto *[12]* e de uma outra maneira, como prática, como afecção do espírito, como impressão de reflexão; não se trata de definir a paixão, diz Hume;[37] do mesmo modo, a crença é um "je ne sais quoi" que cada um sente suficientemente.[38] A subjetividade empírica se constitui no espírito sob o efeito dos princípios que o afetam; o espírito não tem as qualidades próprias de um sujeito prévio. Portanto, duplicando-se, a verdadeira psicologia, a das afecções, vai ser acompanhada em cada um dos seus momentos da crítica de uma falsa psicologia do espírito, sendo esta, efetivamente, incapaz de apreender sem contradição o elemento constituinte da realidade humana. Mas, finalmente, por que a filosofia *precisa* fazer essa crítica, exprimir o ultrapassamento em uma ideia, produzir a contradição, manifestar a incompatibilidade como sendo o fato do conhecimento?

É que, ao mesmo tempo, o ultrapassamento dado não está dado em uma ideia, mas se refere ao espírito, pois ele qualifica a este. O espírito é, ao mesmo tempo, o objeto de uma crítica e o termo de uma referência necessária. É essa a necessidade da crítica. Eis por que, nas questões do entendimento, o encaminhamento de Hume é sempre o mesmo, indo da ausência de uma ideia no espírito à presença de uma afecção no espírito. A negação da ideia da coisa afirma a identidade entre o caráter dessa coisa e a natureza de uma impressão de reflexão. É assim no caso da existência, da ideia geral, da conexão necessária, do eu, do vício e da virtude. Em todos esses casos, mais do que negar

---

[36] *Tr.*, 356 [296], sobre a "solidão desesperada" do filósofo, e 244 [191-2], sobre a inutilidade dos longos raciocínios.

[37] *Tr.*, 375 [311].

[38] *Tr.*, 173 [126-7].

o critério da ideia, é a negação da ideia que serve de critério; apreende-se o ultrapassamento, sempre e primeiramente, em sua relação negativa com aquilo que ele ultrapassa.[39] Inversamente, nas estruturas do ultrapassamento *[13]*, o espírito encontra uma positividade que lhe vem de fora.

Mas, então, como conciliar o conjunto desse encaminhamento com o princípio de Hume, segundo o qual toda ideia deriva de uma impressão correspondente e, por conseguinte, *toda* impressão dada se reproduz em uma ideia que a representa exatamente? Se a necessidade, por exemplo, é uma impressão de reflexão, há necessariamente uma ideia de necessidade.[40] A crítica, diz ainda Hume, não suprime o sentido da ideia de conexão necessária, mas só destrói as más aplicações dela.[41] Há, certamente, uma ideia de necessidade. Porém, basicamente, se devemos falar de uma impressão de reflexão, é no sentido de que a relação necessária é o espírito como afetado, como determinado (em certas circunstâncias) a formar pela ideia de um objeto a ideia de um outro objeto. A impressão de necessidade não poderia produzir a ideia como uma qualidade das coisas, pois ela é uma qualificação do espírito. O próprio das impressões de reflexão, efeitos dos princípios, é *qualificar* diversamente o espírito como um sujeito. Portanto, o que se desvela a partir das afecções é a ideia dessa subjetividade. *A palavra ideia já não pode ter o mesmo sentido*. A psicologia das afecções será a filosofia de um sujeito constituído.

É essa filosofia que o racionalismo perdeu. A filosofia de Hume é uma crítica aguda da representação. Hume não faz uma crítica das

---

[39] A propósito das ideias gerais, Hume nos diz claramente que é preciso passar pela crítica, primeiramente, para compreender sua tese: "Talvez essas reflexões poderão servir para descartar todas as dificuldades da hipótese que propus a respeito das ideias abstratas, em oposição àquela que até aqui prevaleceu em filosofia. Mas, verdadeiramente dizendo, deposito minha confiança sobretudo naquilo que já provei sobre a impossibilidade das ideias gerais, considerando o método geralmente empregado para explicá-las" [*Tr.*, 90-1 [48]]. Para compreender o que é uma afecção do espírito, é preciso passar pela crítica de uma psicologia do espírito.

[40] *Tr.*, 252 [199].

[41] *Tr.*, 248 [196].

relações, mas uma crítica das representações, justamente porque estas *não podem* apresentar as relações. Fazendo da representação um critério, colocando a ideia na razão, o racionalismo colocou na ideia aquilo que não se deixa constituir no primeiro sentido da experiência, aquilo que não se deixa dar sem contradição numa ideia, a generalidade da própria ideia e a existência do objeto, o conteúdo das palavras "sempre, *[14]* universal, necessário ou verdadeiro"; ele transferiu a determinação do espírito aos objetos exteriores, suprimindo, para a filosofia, o sentido e a compreensão da prática e do sujeito. De fato, o espírito não é razão; esta é que é uma afecção do espírito. Nesse sentido, a razão será chamada instinto,[42] hábito, natureza.[43]

"A razão é tão somente uma determinação geral e calma das paixões, fundada em uma visão distante ou na reflexão."[44]

A razão é uma espécie de sentimento. Desse modo, assim como o método da filosofia vai da ausência de uma ideia à presença de uma impressão, a teoria da razão vai de um ceticismo a um positivismo, de um ceticismo da razão a um positivismo do sentimento, o qual, finalmente, inclui a razão como uma reflexão do sentimento no espírito qualificado.

Assim como se distinguiu atomismo e associacionismo, serão também distinguidos dois sentidos da ideia e, portanto, dois sentidos da impressão. Em um sentido, não temos a ideia de necessidade; em outro sentido, nós a temos. Apesar dos textos, nos quais as impressões de sensação e as impressões de reflexão e nos quais as ideias de sensação e as ideias de reflexão são apresentadas ao mesmo tempo e tornadas homogêneas tanto quanto possível,[45] a diferença en-

---

[42] *Tr.*, 266 [212]: "A razão é tão somente um maravilhoso e ininteligível instinto em nossas almas, instinto que nos leva por uma certa sequência de ideias e as dota de qualidades particulares".

[43] *Tr.*, 274 [220].

[44] *Tr.*, 709 [623].

[45] *Tr.*, 72 [32].

tre os dois sentidos é de natureza. Isso é testemunhado pela seguinte citação:

> "Eis o que é necessário para produzir uma ideia de reflexão; mesmo repassando 1.000 vezes por todas as suas ideias de sensação, o espírito nunca pode extrair delas uma nova ideia original, *a não ser que a natureza tenha modelado suas faculdades* de tal sorte que uma nova impressão original pareça nascer de uma tal contemplação."[46]

[15] As impressões de sensação são apenas a origem do espírito; as impressões de reflexão são a qualificação do espírito, são o efeito dos princípios no espírito. O ponto de vista da origem, segundo o qual toda ideia deriva de uma impressão preexistente e a representa, não tem certamente a importância que se pretendeu atribuir-lhe: ele somente dá ao espírito uma origem simples, evita que as ideias tenham que representar *coisas*, coisas com as quais se compreenderia mal a semelhança das ideias. A verdadeira importância está do lado das impressões de reflexão, porque elas qualificam o espírito como um sujeito. A essência e o destino do empirismo não estão ligados ao átomo, mas à associação. Essencialmente, o empirismo não coloca o problema de uma origem do espírito, mas o problema de uma constituição do sujeito. Além disso, ele considera essa constituição no espírito como o efeito de princípios transcendentes, não como o produto de uma gênese. A dificuldade, portanto, será estabelecer uma conexão assinalável entre os dois sentidos da ideia ou da impressão, entre a origem e a qualificação. Vimos, anteriormente, sua diferença. Essa diferença é aquela que Hume encontra ainda sob a forma de uma antinomia do conhecimento; ela define o problema do eu.* O espírito não é sujeito, ele está sujeito. E quando, sob o efeito dos princípios, o sujeito se constitui no espírito, este, ao mesmo tempo, apreende a si como um Eu, porque é qualificado. Mas, justamente, se o sujeito se constitui apenas na coleção de ideias, como pode a própria coleção de

---

[46] *Tr.*, 105 [63] (sublinhado por Gilles Deleuze. Cf. *Tr.*, 386 [322]).

* "Eu" e "eu" traduzem "*Moi*" e "*moi*". "*Eu*" e "*eu*" traduzem "*Je*" e "*je*". (N. do T.)

ideias apreender a si mesma como um eu, como pode ela, sob o efeito dos mesmos princípios, dizer "eu"? Não se compreende como se pode passar das tendências ao eu, do sujeito ao eu. Como, no limite, podem o sujeito e o espírito deixar de ser apenas um no eu? Ao mesmo tempo, o eu deve ser coleção de ideias e tendência, espírito e sujeito. Ele é síntese, mas incompreensível, e, sem conciliá-las, reúne em sua noção a origem e a qualificação.

"Há dois princípios que não posso tornar coerentes, e não está em meu poder renunciar a um ou ao outro: *todas as nossas percepções distintas são [16] existências distintas e o espírito jamais percebe conexão real entre existências distintas.*"[47]

Hume diz ainda que uma solução talvez seja possível. Veremos mais tarde que sentido se pode dar a essa esperança.

O verdadeiro objeto da ciência é a natureza humana. Mas a filosofia de Hume apresenta-nos duas modalidades dessa natureza, duas espécies do gênero afecção: de um lado, os efeitos da associação; por outro lado, os efeitos da paixão. Cada uma delas é a determinação de um sistema, sendo um o do entendimento e o outro o das paixões e da moral. Qual é a conexão entre elas? Primeiramente, o paralelismo parece estabelecer-se entre ambas e prosseguir com exatidão. Crença e simpatia correspondem-se. Além disso, tudo o que a simpatia contém de próprio e que ultrapassa a crença é, segundo a análise, análogo ao que a própria paixão acrescenta à associação de ideias.[48] Em outro plano, assim como a associação fixa no espírito uma generalidade necessária, uma regra indispensável ao seu esforço de conhecimento teórico, assim também a paixão fornece-lhe o conteúdo de uma constância,[49] torna possível uma atividade prática e moral, e dá à his-

---

[47] *Tr.*, 760-1 [674]. [Embora Deleuze não o faça, a tr. fr. mantém o sublinhado por Hume.]

[48] *Tr.*, 421-2 [354].

[49] *Tr.*, 418 [351]. *EEH*, 131.

tória sua significação. Sem esse duplo movimento, nem sequer haveria uma natureza humana, e a imaginação continuaria sendo fantasia. As correspondências não param aí: a relação entre motivo e ação é homogênea à causalidade,[50] de modo que a história deve ser concebida como uma física *[17]* do homem.[51] Finalmente, tanto para a determinação do detalhe da natureza quanto para a constituição de um mundo da moralidade, as regras gerais têm o mesmo sentido, ao mesmo tempo extensivo e corretivo. Não haverá sequer o recurso de identificar o sistema do entendimento com a teoria, e o sistema da moral e da paixão com a prática. Sob o nome de crença, há uma prática do entendimento e, sob forma de organização social e da justiça, há uma teoria da moral. Além disso, em todos os casos, a única teoria possível, em Hume, é uma teoria da prática: para o entendimento, cálculo das probabilidades e regras gerais; para a moral e as paixões, regras gerais e justiça.

Mas, por mais importantes que possam ser, todas essas correspondências são apenas a apresentação da filosofia, a distribuição dos seus resultados. A conexão de analogia entre os dois domínios constituídos não deve levar-nos a esquecer qual dos dois determinou a constituição do outro como matéria para a filosofia. Interrogamo-nos sobre o *móbil* da filosofia. Isso pode ser facilmente decidido, pelo menos quanto ao fato: antes de tudo, Hume é um moralista, um pensador político, um historiador. Mas por quê?

O *Tratado* começa pelo sistema do entendimento e levanta o problema da razão. Só que a necessidade de um tal problema não é evidente; ele precisa de uma origem que se possa considerar como um

---

[50] *Tr.*, 515 [442]: o prisioneiro, "quando conduzido ao cadafalso, prevê a sua morte de maneira tão certa como consequência da constância e lealdade dos seus guardiões quanto como efeito da operação do machado ou da roda". Não há diferença de natureza entre a evidência moral e a evidência física. Cf. *Tr.*, 258 [204-5].

[51] *EEH*, 131: "Os relatos de guerra, de intrigas, de facções e de revolução são outras tantas compilações de experiências que permitem ao filósofo político ou moral fixar os princípios da ciência, da mesma maneira que o médico ou o filósofo da natureza familiarizam-se com a natureza das plantas, dos minerais e dos outros objetos exteriores por meio de experiências que efetuam neles".

móbil da filosofia. Não é porque resolve problemas que a razão é ela mesma um problema. Ao contrário, para que haja um problema da razão, um problema relativo ao seu domínio próprio, *[18]* é preciso que um domínio escape à razão, colocando-a primeiramente em questão. A frase importante e principal do *Tratado* é esta:

> "Não é contrário à razão preferir a destruição do mundo a uma arranhadela em meu dedo."[52]

A contrariedade seria ainda uma conexão excessiva. Por não ser coextensiva ao ser, porque não se aplica a tudo aquilo que é, pode a razão colocar-se em questão e levantar o problema de sua natureza. Aqui, o fato é que ela não determina a prática: é praticamente, tecnicamente insuficiente. Sem dúvida, a razão influencia a prática, informando-nos da existência de uma coisa, objeto próprio de uma paixão, levando-nos a descobrir uma conexão de causas e de efeitos, meio de uma satisfação.[53] Mas não se pode dizer que ela produza uma ação, nem que a paixão a contradiga, nem que ela combata uma paixão. A contradição implica, pelo menos, um desacordo das ideias com os objetos que elas representam;

> "uma paixão é uma existência primitiva, ou, se se quer, um modo primitivo de existência, e não contém qualidade representativa alguma que dela faça cópia de uma outra existência ou de um outro modo."[54]

As distinções morais tampouco se deixam engendrar pela razão, pois elas despertam as paixões, produzem ou impedem a ação.[55] Para que haja contradição em furtar propriedades, em violar promessas, é preciso ainda que promessas e propriedades existam na natureza. A razão pode sempre aplicar-se, mas ela se aplica a um mundo prece-

---

[52] *Tr.*, 525 [452].
[53] *Tr.*, 574 [449].
[54] *Tr.*, 525 [451].
[55] *Tr.*, 572 [497].

dente, supõe uma moral antecedente, uma ordem de fins.[56] Portanto, é porque a prática *[19]* e a moral, em sua natureza (e não em suas circunstâncias), são indiferentes à razão, que esta vai buscar sua diferença. É por ser negada do exterior que a razão se negará do interior e se descobrirá como uma demência, um ceticismo. E porque esse ceticismo tem sua origem e seu móbil no exterior, na indiferença da prática, é que também a prática, ela própria, é indiferente ao ceticismo: pode-se sempre jogar gamão.[57] O filósofo se conduz como todo mundo: o próprio do cético é que seu raciocínio, ao mesmo tempo em que não admite réplica, não produz convicção.[58] Reencontramos, portanto, a conclusão precedente, agora completada: ceticismo e positivismo implicam-se num mesmo raciocínio da filosofia. O positivismo da paixão e da moral produz um ceticismo sobre a razão; esse ceticismo interiorizado, tornado ceticismo da razão, produz por sua vez um positivismo do entendimento, concebido *à imagem* do primeiro, como a teoria de uma prática.[59]

À imagem, mas não à semelhança. Pode-se agora compreender exatamente a diferença entre o sistema da moral e o do entendimento. No gênero da afecção, distinguem-se dois termos: a afecção passional e moral; e o ultrapassamento, dimensão do conhecimento. Sem dúvida, assim como os princípios de associação, também os princípios da moral e as qualidades originais e naturais da paixão ultrapassam e afetam o espírito; o sujeito empírico é certamente constituído no espírito pelo efeito de todos os princípios conjugados. Mas é somente sob o efeito (aliás, desigual) dos princípios de associação, e não dos outros, que o próprio sujeito pode ultrapassar o dado: ele crê. Nesse preciso sentido, o ultrapassamento concerne exclusivamente o conhecimento: ele leva a ideia para além *[20]* de si mesma, dando-lhe um papel, afirmando seu objeto, constituindo seus liames; a tal ponto é assim que, no sistema do entendimento, o mais importante

---

[56] *Tr.*, 584 [509-9].

[57] *Tr.*, 362 [301].

[58] *EEH*, 210.

[59] Inversamente, por uma justa compensação das coisas, o entendimento, então, interroga-se a respeito da natureza da moral. Cf. *Tr.*, 363-4 [303].

princípio que afeta o espírito vai ser estudado, *primeiramente*, na atividade, no movimento de um sujeito que ultrapassa o dado: a natureza da relação causal é apreendida na *inferência*.[60] Quanto à moral, o caso é totalmente distinto, mesmo quando ela, por analogia, toma a forma de exposição do ultrapassamento.[61] Aí não há inferência a ser feita.

"Não inferimos que um caráter seja virtuoso por nos ser ele agradável, mas, ao sentir que ele nos agrada dessa maneira particular, sentimos efetivamente que ele é virtuoso."[62]

A moral admite a ideia apenas como um fator de suas circunstâncias, e recebe a associação como um elemento constituído da natureza humana. No sistema do entendimento, ao contrário, a associação é um elemento constituinte, o único elemento constituinte da natureza humana. Para ilustrar essa dualidade, pode-se reportar à distinção que Hume faz entre dois Eu[63] e à maneira diferente pela qual apresenta e trata os problemas correspondentes.

Há, portanto, dois tipos de práticas, devendo ambos apresentar imediatamente características próprias muito distintas. A prática do entendimento determina o detalhe da Natureza; ela procede em extensão. A Natureza, objeto da física, é *partes extra partes*. É essa sua essência. Se consideramos os objetos em sua ideia, é possível a todos

---

[60] *Tr.*, 256 [203]: "A ordem que temos seguido, a de examinar primeiramente nossa inferência segundo a correlação, antes de ter explicado a própria correlação, não teria sido desculpável se tivesse sido possível proceder de uma maneira diferente".

[61] *Tr.*, 584-6 [508-9].

[62] *Tr.*, 587 [511]. *Enquête sur les principes de la morale* [*An Enquiry Concerning the Principles of Morals*, 1751], tradução francesa de André Leroy, Paris, Aubier, 1947, p. 150. [Doravante *EPM*, seguido da paginação da tradução francesa.]

[63] *Tr.*, 345 [286]: "Devemos distinguir a identidade pessoal, por ela tocar nosso pensamento e nossa imaginação, e essa mesma identidade, quando ela tocar nossas paixões ou o interesse que temos por nós mesmos".

eles "tornarem-se causas ou efeitos uns dos outros",[64] *[21]* pois a relação causal não é uma de suas qualidades: logicamente, não importa o quê pode ser causa de não importa o quê. Se, por outro lado, observamos a conjunção de dois objetos, cada um dos casos numericamente distintos que a apresentam é independente do outro e nenhum deles tem influência sobre o outro; são "inteiramente separados pelo tempo e pelo lugar".[65] São partes componentes de uma probabilidade;[66] com efeito, se a probabilidade supõe a causalidade, nem por isso a certeza que nasce do raciocínio causal deixa de ser um limite, um caso particular da probabilidade, uma convergência praticamente absoluta de probabilidades.[67] A Natureza é certamente uma grandeza extensiva; ela se prestará, portanto, à experiência física e ao cálculo. O essencial é determinar suas partes e é esta a função das regras gerais no domínio do conhecimento. Não há um todo da Natureza, nem para se descobrir, nem para se inventar. A totalidade é tão somente uma coleção. "A união dessas partes em um todo [...] é efetuada simplesmente por um ato arbitrário do espírito, e não tem influência alguma sobre a natureza das coisas."[68] As regras gerais do conhecimento, na medida em que sua generalidade é concernente a um todo, não são diferentes dos princípios naturais do nosso entendimento;[69] o difícil, diz Hume, não é inventá-las, mas praticá-las.

O mesmo não acontece na prática da moral. Ao contrário. Nesse caso, as partes estão imediatamente dadas, sem inferência a ser feita, sem aplicação necessária. Porém, *em vez de extensivas, elas são mutuamente exclusivas*. Nesse caso, as partes não são parciais, como na natureza; são partícipes. Na prática da moral, o difícil é desviar a parcialidade, obliquar. O importante aqui é inventar: a justiça é uma virtude artificial e "o homem é uma *[22]* espécie inventiva".[70] O es-

---

[64] *Tr.*, 260 [207].

[65] *Tr.*, 250-1 [198].

[66] *Tr.*, 219 [169].

[67] *Tr.*, 213 [163-4].

[68] *DRN*, 258.

[69] *Tr.*, 262 [208-9].

[70] *Tr.*, 601 [524].

sencial é constituir um todo da moralidade; a justiça é um *esquema*.[71] O esquema é o próprio princípio da sociedade.

> "Considerado em si mesmo, um ato isolado de justiça pode ser quase sempre contrário ao bem público; só é vantajoso o concurso de todos os homens em um esquema ou em um sistema geral de ações."[72]

Não se trata de ultrapassamento, mas de integração. Contrariamente à razão, que procede sempre de partes a partes, o sentimento reage a todos.[73] Por isso, no domínio da moral, as regras gerais têm um outro sentido.

---

[71] *Tr.*, 615 [527].
[72] *Tr.*, 705 [618-9].
[73] *EPM*, 151.

2.
O MUNDO DA CULTURA E AS REGRAS GERAIS
[23]

É preciso explicar essas determinações da moral. A essência da consciência moral é aprovar, é desaprovar. Esse sentimento que nos faz louvar ou repreender, essa dor e esse prazer que determinam o vício e a virtude, têm uma natureza original: são produzidos pela consideração de um caráter *em geral*, sem referência ao nosso interesse particular.[1] Mas, o que é que pode fazer-nos abandonar sem inferência um ponto de vista que nos é próprio e, "a uma simples inspeção", fazer-nos considerar um caráter em geral ou, dito de outra maneira, fazer-nos apreendê-lo e vivê-lo como sendo útil a outrem ou à própria pessoa, agradável a outrem ou à própria pessoa? A resposta de Hume é simples: é a simpatia. Porém, há um paradoxo da simpatia: ela nos abre uma amplidão moral, uma generalidade, mas essa própria amplidão é sem extensão, essa generalidade é sem quantidade. Com efeito, para ser moral, a simpatia deve ampliar-se em direção ao futuro, não limitar-se ao momento presente, deve ser uma *dupla* simpatia, isto é, uma correspondência de impressões [24], que se dobra com um desejo pelo prazer de outrem, com uma aversão pelo seu penar.[2] A simpatia é também um fato: ela existe, ela se estende naturalmente. Mas essa extensão não se afirma sem exclusão: é impossível dobrar a simpatia

"sem a ajuda de uma circunstância presente que nos atinja de maneira viva",[3]

---

[1] *Tr.*, 588 [512]: "Somente quando um caráter é considerado em geral, sem referência ao nosso interesse particular, é que ele produz essa consciência e esse sentimento que permitem chamá-lo moralmente bom ou mal".

[2] *Tr.*, 487 [416].

[3] *Tr.*, 492 [420].

excluindo os casos que não a apresentam. Em função da fantasia, essa circunstância será o grau, a enormidade da desventura;[4] em função da natureza humana, será a contiguidade, a semelhança ou a causalidade. Segundo as circunstâncias, aqueles que amamos são nossos próximos, nossos semelhantes, nossos familiares.[5] Em suma, nossa generosidade é por natureza limitada; o que nos é natural é uma generosidade limitada.[6] A simpatia estende-se naturalmente em direção ao futuro, mas na medida em que as circunstâncias limitam sua extensão. O reverso da própria generosidade a que ela nos convida é uma parcialidade, uma "desigualdade de afecção" que ela nos confere como caráter de nossa natureza, "a ponto de nos fazer olhar como viciosa e imoral toda transgressão notável de um tal grau de parcialidade pela ampliação ou estreitamento muito grande dessas afecções".[7] Condenamos os pais que, em vez de seus filhos, preferem estranhos.

Assim, não é nossa natureza que é moral, nossa moral é que está em nossa natureza. Uma das ideias mais simples de Hume, porém uma da mais importantes, é esta: o homem é muito menos egoísta do que *parcial*. Acreditamo-nos filósofos e bons *[25]* pensadores ao sustentarmos que o egoísmo é o último impulso de toda atividade. Isso é muito fácil. Não vemos, pergunta Hume,

> "que só poucos homens deixam de destinar a maior parte de sua fortuna aos prazeres de sua esposa e à educação dos seus filhos, reservando tão somente a menor parte para seu uso próprio e sua diversão pessoal?"[8]

A verdade é que o homem é sempre o homem de um clã, de uma comunidade. As categorias família, amizade, vizinhança, antes de serem tipos da comunidade para Tönnies, são, para Hume, determinações naturais da simpatia. Justamente, porque a essência da paixão,

---

[4] *Tr.*, 493 [422].
[5] *Tr.*, 600 [524].
[6] *Tr.*, 712 [625].
[7] *Tr.*, 606 [529].
[8] *Tr.*, 604 [527].

porque a essência do interesse particular não é o egoísmo, mas a parcialidade, é que a simpatia, por sua vez, não ultrapassa o interesse particular e nem a paixão. "Nosso sentido do dever segue sempre o curso habitual e natural de nossas paixões."[9] Vamos até o fim, com o risco de, aparentemente, perder o benefício de nossa distinção do egoísmo e da simpatia: esta não deixa de opor-se à sociedade tanto quanto aquele.

> "Uma afecção tão nobre, em vez de preparar os homens para formar vastas sociedades, é quase tão contrário a isso quanto o mais estreito egoísmo."[10]

Ninguém tem as mesmas simpatias tidas por outrem; a pluralidade das parcialidades assim definidas é a contradição, é a violência.[11] É esse o arremate da natureza; nesse nível, não há linguagem razoável entre os homens.

> "Todo homem particular tem uma posição particular a respeito dos outros; seria impossível que pudéssemos conversar em termos razoáveis se cada um de nós considerasse as características de outrem e as pessoas unicamente como aparecem desde seu ponto de vista particular."[12]

[26] Todavia, se a simpatia é *como* o egoísmo, que importância tem a observação de Hume segundo a qual o homem não é egoísta, mas simpatizante? De fato, embora a sociedade encontre *tanto* obstáculo na simpatia quanto no mais puro egoísmo, o que, entretanto e absolutamente, muda é o sentido, a própria estrutura da sociedade, conforme seja ela considerada a partir do egoísmo ou da simpatia. Com efeito, egoísmos teriam somente que se limitar. Com respeito às simpatias, o caso é outro: é preciso integrá-las, integrá-las em uma to-

---

[9] *Tr.*, 600 [524].

[10] *Tr.*, 604 [528].

[11] *Tr.*, 709, 730 [622-3, 642-3].

[12] *Tr.*, 707 [621].

talidade positiva. O que Hume, precisamente, critica nas teorias do contrato é apresentarem-nos uma imagem abstrata e falsa da sociedade, é definirem a sociedade de maneira apenas negativa, é verem nela um conjunto de limitações de egoísmos e interesses, em vez de compreendê-la como um sistema positivo de empreendimentos inventados. Eis por que é tão importante lembrar que o homem natural não é egoísta: tudo depende disso em uma concepção da sociedade. O que encontramos na natureza, a rigor, são famílias; assim, o estado de natureza já é desde sempre algo distinto de um simples estado de natureza.[13] A família, independentemente de toda legislação, é explicada pelo instinto sexual e pela simpatia, simpatia dos pais entre si, simpatia dos pais pela sua progenitura.[14] Compreendemos a partir daí o problema da sociedade, pois esta encontra seu obstáculo nas próprias simpatias e não no egoísmo. Sem dúvida, em sua origem, a sociedade é uma reunião de famílias; mas uma reunião de famílias não é uma reunião familiar. Sem dúvida, as famílias são unidades sociais; porém, o próprio dessas unidades é não se adicionarem; elas se excluem, são parciais e não partícipes.* Os familiares de um são sempre os estranhos para outrem: na natureza, explode a contradição. Nesse sentido, o problema da sociedade não é o de *[27]* limitação, mas de integração. Integrar as simpatias é fazer com que a simpatia ultrapasse sua contradição, sua parcialidade natural. Tal integração implica um mundo moral positivo e se efetua na invenção positiva de um tal mundo.

Isso quer dizer que o mundo moral não se reduz a um instinto moral, às determinações naturais da simpatia.[15] O mundo moral afirma sua realidade quando a contradição se dissipa efetivamente, quan-

---

[13] *EPM*, 45.

[14] *Tr.*, 603 [526-7].

* "Parciais" traduz "*partiales*", no sentido de parte presa à sua parcialidade, como quando se diz "juiz parcial"; e "partícipes" traduz "*partielles*", no sentido de parte participante de algo mais completo. (N. do T.)

[15] *Tr.*, 748 [659]: "Aqueles que reduzem o senso moral a instintos originais do espírito humano podem defender a causa da virtude com uma autoridade suficiente, mas carecem da vantagem que possuem aqueles que explicam esse senso por uma simpatia ampliada à humanidade".

do a conversação é possível e substitui a violência, quando a propriedade substitui a avidez, quando,

> "a despeito da variação de nossa simpatia, damos às mesmas qualidades morais a mesma aprovação, estejam essas qualidades na China ou na Inglaterra", quando, em uma palavra, "a simpatia varia sem que varie nossa estima."[16]

A estima é a integral das simpatias. É este o fundo da justiça. Esse fundo e essa uniformidade da estima não são o resultado de uma viagem imaginária, pela qual nos transportaríamos em pensamento a épocas e a países os mais distantes, para constituir as pessoas que aí julgaríamos como nossos próximos, nossos semelhantes e nossos familiares possíveis: "não se pode conceber que uma paixão e um sentimento *reais* nasçam de um interesse conhecido como imaginário".[17] O problema moral e social consiste em passar das simpatias reais, que se excluem, a um todo real que inclui as próprias simpatias. Trata-se de *ampliar* a simpatia.

[28] Vemos aí a diferença entre a moral e a natureza, ou melhor a inadequação da natureza à moral. A realidade do mundo moral é a constituição de um todo, de uma sociedade, a instauração de um sistema invariável; essa realidade não é natural, é artificial.

> "Em razão de sua universalidade e de sua inflexibilidade absoluta, as leis da justiça não podem provir da natureza, nem ser criações diretas de uma inclinação e de um motivo naturais."[18]

Todos os elementos da moralidade (simpatias) são dados naturalmente, mas, por si mesmos, são impotentes para constituir um mundo moral. As parcialidades, os interesses particulares não podem se totalizar naturalmente, pois se excluem. Um todo só pode ser inven-

---

[16] *Tr.*, 706 [620].
[17] *EPM*, 72.
[18] *Tr.*, 600-1 [524-5].

tado, assim como a única invenção possível é a de um todo. Essa implicação manifesta a essência do problema moral. A justiça não é um princípio da natureza, é uma *regra*, uma lei de construção, cujo papel é organizar em um todo os elementos, os princípios da própria natureza. A justiça é um meio. O problema moral é o do esquematismo, isto é, do ato pelo qual os interesses naturais são referidos à categoria *política* do conjunto ou da totalidade, que não é dada na natureza. O mundo moral é a totalidade artificial, na qual se integram e se adicionam os fins particulares. Ou ainda, o que quer dizer a mesma coisa, o mundo moral é o sistema dos meios que permitem ao meu interesse particular, assim como ao de outrem, satisfazer-se e realizar-se. A moralidade pode ser igualmente pensada como um todo relativamente às partes, como um meio relativamente aos fins. Em resumo, a consciência moral é consciência política: a verdadeira moral é a política, como o verdadeiro moralista é o legislador. Ou ainda: a consciência moral é uma determinação da consciência psicológica *[29]*, é a consciência psicológica exclusivamente apreendida sob o aspecto do seu poder inventivo. O problema moral é um problema de conjunto e um problema de meios. As legislações são as grandes invenções; os verdadeiros inventores não são os técnicos, mas os legisladores. Não são Esculápio e Baco, são Rômulo e Teseu.[19]

Um sistema de meios orientados, um conjunto determinado chama-se regra, norma. Hume diz: *uma regra geral*. Uma regra tem dois polos: forma e conteúdo, conversação e propriedade, sistema dos bons costumes e estabilidade da posse. Estar em sociedade é antes de tudo substituir a violência pela conversação possível: o pensamento de cada um representa para si o dos outros. Mas quais são as condições? Com a condição de que as simpatias particulares de cada um sejam ultrapassadas de uma certa maneira, e que sejam sobrepujadas as parcialidades correspondentes, as contradições que elas engendram entre os homens. Com a condição, pois, de que a simpatia natural possa, artificialmente, exercer-se fora dos seus limites naturais. A função da regra é determinar um ponto de vista estável e comum, firme e calmo, independente de nossa situação presente.

---

[19] *Essays* (Londres, Routledge): Of parties in general, p. 37.

"Quando se julga caracteres, o único interesse ou prazer que parece o mesmo para todo espectador é o interesse da própria pessoa cujo caráter se examina, ou o das pessoas que estão em relação com ela."[20]

Sem dúvida, um tal interesse nos toca mais fracamente do que o nosso, do que o dos nossos próximos, dos nossos pares e dos nossos familiares; veremos que ele deve, aliás, receber uma vivacidade que lhe falta. Mas, pelo menos, ele tem a vantagem prática, mesmo quando o coração não o segue, de ser um critério geral e imutável, um terceiro interesse, que não depende dos interlocutores, um valor.[21]

[30] "Tudo aquilo que, nas ações humanas, produz uma contrariedade de um ponto de vista geral se chama vício."[22]

Por ser artificial, a obrigação assim produzida se distingue essencialmente da obrigação natural, do interesse natural e particular, do móbil da ação: ela é a obrigação moral ou senso do dever. No outro polo, a propriedade supõe condições análogas. "Observo que será do meu interesse deixar o outro na posse dos seus bens, contanto que ele aja da mesma maneira a meu respeito."[23] Nesse caso, o terceiro interesse é um interesse geral. A convenção de propriedade é o artifício pelo qual as ações de cada um se relacionam com as dos outros. Ela é a instauração de um esquema, a instituição de um conjunto simbólico ou de um todo. Hume também vê na propriedade um fenômeno essencialmente político, e o fenômeno político essencial. Propriedade e conversação se juntam finalmente, formando os dois capítulos de uma ciência social;[24] o sentido geral do interesse comum deve *expres-*

---

[20] *Tr.*, 717-8 [631].
[21] *Tr.*, 731 [643-4].
[22] *Tr.*, 617 [540].
[23] *Tr.*, 607 [530].
[24] *Tr.*, 724 [637]: "Portanto, análoga à maneira pela qual estabelecemos *as leis de natureza*, para garantir a propriedade na sociedade e prevenir a oposição

sar-se para ser eficaz.[25] A Razão se apresenta aqui como a conversação dos proprietários.

Já vemos a partir dessas primeiras determinações que o papel da regra geral é duplo, ao mesmo tempo *extensivo* e *corretivo*. Ela corrige nossos sentimentos, fazendo-nos esquecer nossa situação presente.[26] Ao mesmo tempo, e por essência, a regra geral "transborda os casos dos quais nasceu". Embora o senso do dever "derive unicamente da contemplação dos atos alheios, não deixaremos, todavia, *[31]* de até mesmo estendê-lo às nossas próprias ações".[27] Por último, a regra é o que compreende a exceção; leva-nos a nos simpatizar com outrem, mesmo quando ele não experimenta o sentimento que corresponde em geral a essa situação.

> "Um homem não abatido pelos infortúnios se compadece mais em razão de sua paciência. [...] Embora o caso presente seja uma exceção, a imaginação, porém, é tocada pela regra geral [...] Um assassinato é agravado quando cometido contra um homem adormecido em perfeita tranquilidade."[28]

Temos de perguntar como a invenção da regra é possível. É essa a questão principal. Como se podem formar sistemas de meios, de regras gerais, de conjuntos ao mesmo tempo corretivos e extensivos? Mas, desde já, podemos responder a isso: o que é que se inventa, exatamente? Em sua teoria do artifício, Hume propõe toda uma concep-

---

do interesse pessoal, é a maneira pela qual estabelecemos as *regras dos bons costumes* para prevenir a oposição do orgulho humano e para tornar agradável e inofensiva a conversação".

[25] *Tr.*, 607 [530].

[26] *Tr.*, 708 [621-2]: "A experiência logo nos ensina esse método de corrigir nossos sentimentos, ou pelo menos de corrigir nossa linguagem quando nossos sentimentos são mais obstinados e imutáveis".

[27] *Tr.*, 618 [540].

[28] *Tr.*, 475-6 [404-5]: "Por vezes, a paixão comunicada pela simpatia adquire força pela fraqueza do seu original e chega mesmo a nascer por uma transição a partir de disposições afetivas que de modo algum existem".

ção das conexões entre a natureza e a cultura, entre a tendência e a instituição. Sem dúvida, os interesses particulares não podem se identificar, se totalizar naturalmente. Mas não é menos verdadeiro que a natureza exige sua identificação. Caso contrário, jamais a regra geral poderia se constituir e nem mesmo poderiam ser pensadas a propriedade e a conversação. A alternativa em que as simpatias se encontram é a seguinte: estender-se pelo artifício ou destruir-se pela contradição. E a alternativa em que se encontram as paixões é esta: satisfazer-se artificialmente, obliquamente, ou negar-se pela violência. Como Bentham mostrará mais tarde, de maneira ainda mais precisa, a necessidade é natural, mas a satisfação da necessidade ou, pelo menos, a constância e duração dessa satisfação só podem ser artificiais, industriais e culturais.[29] A identificação dos interesses, portanto, é artificial, mas no sentido em que ela suprime os obstáculos naturais à identificação natural *[32]* deles. Em outros termos, a significação da justiça é exclusivamente topológica. O artifício não inventa algo distinto, um princípio distinto da simpatia. Os princípios não são inventados. O que o artifício assegura à simpatia e à paixão naturais é uma extensão na qual elas poderão se exercer, se desenvolver naturalmente, liberadas apenas de seus limites naturais.[30] *As paixões não são limitadas pela justiça, são dilatadas, ampliadas*. A justiça é a extensão da paixão, do interesse, dos quais só é negado e coagido o movimento parcial. É nesse sentido que, por si mesma, a *extensão* é uma *correção*, uma *reflexão*.

> "Não há paixão capaz de controlar a disposição interessada, mas capaz, isto sim, de mudar a orientação dessa mesma disposição. Ora, essa mudança deve necessariamente intervir à menor reflexão."[31]

É preciso compreender que a justiça não é uma reflexão *sobre* o interesse, mas uma reflexão *do* interesse, uma espécie de torção da

---

[29] *Tr.*, 601-2 [525-6].
[30] *Tr.*, 610, 748 [533, 658-9].
[31] *Tr.*, 610 [532].

própria paixão no espírito que ela afeta. A reflexão é uma operação da tendência que reprime a si mesma.

"O remédio se extrai, não da natureza, mas do artifício; ou, para falar com mais propriedade, *a natureza fornece* no juízo e no entendimento um remédio ao que há de irregular e de incômodo nas afecções."[32]

A reflexão da tendência é o movimento que constitui a razão prática, e a razão é tão somente um momento determinado das afecções do espírito, uma afecção calma ou, melhor dizendo, acalmada, "fundada em uma visão distinta ou na reflexão".

Em Hume, a verdadeira dualidade não está entre a afecção e a razão, entre a natureza e o artifício, mas entre o conjunto da natureza, no qual está compreendido o artifício, e o espírito que esse conjunto afeta e determina. Assim, [33] que o senso de justiça não se reduza a um instinto, a uma obrigação natural, não impede que haja um instinto moral, uma obrigação natural e, sobretudo, uma obrigação natural para com a justiça uma vez constituída.[33] Que a estima não varie quando varia a simpatia, que ela seja ilimitada quando a generosidade naturalmente se limita, nada disso impede que a simpatia natural ou a generosidade limitada seja a condição necessária e o único elemento da estima: é por simpatia que se estima.[34] Que a justiça, enfim, seja em parte capaz de coagir nossas paixões não significa que ela tenha outro fim que a satisfação destas,[35] que tenha outra origem

---

[32] *Tr.*, 606 [529] (sublinhado por Gilles Deleuze; no capítulo seguinte, veremos como é preciso compreender "no juízo e no entendimento").

[33] *Tr.*, 748 [659]: "Embora a justiça seja artificial, o senso de sua moralidade é natural. É a combinação dos homens em um sistema de conduta que torna um ato de justiça vantajoso para a sociedade. Porém, uma vez que um ato tenha essa tendência, é naturalmente que nós o aprovamos".

[34] *Tr.*, 709 [622-3].

[35] *Tr.*, 641 [560]: "Tudo o que os moralistas e os políticos podem fazer é "nos ensinar aquilo que, de maneira oblíqua e artificial, pode satisfazer nossos apetites melhor do que pelos movimentos precipitados e impetuosos destes".

que a determinação destas:[36] simplesmente, ela as satisfaz obliquamente. A justiça não é um princípio da natureza; ela é artifício. Porém, tendo-se em vista que o homem é uma *espécie inventiva*, o artifício é ainda natureza; a estabilidade da posse é uma lei natural.[37] Como diria Bergson, os hábitos não são da natureza, mas o que é da natureza é o hábito de contrair hábitos. A natureza só atinge seus *fins* por *meio* da cultura; a tendência só se satisfaz através da instituição. É nesse sentido que a história é a história da natureza humana. Inversamente, a natureza é encontrada como o resíduo da história;[38] ela é o que a história *[34]* não explica, o que não pode ser definido, o que é até mesmo inútil descrever, o que há de comum em todas as mais diferentes maneiras de satisfazer uma tendência.

Natureza e cultura, portanto, formam um conjunto, um complexo. Hume recusa também as teses que atribuem tudo ao instinto, aí compreendida a justiça,[39] e, ao mesmo tempo, as teses que atribuem tudo à política e à educação, aí compreendido o senso da virtude.[40] Aquelas, esquecendo a cultura, nos oferecem uma falsa imagem da natureza; estas, esquecendo a natureza, deformam a cultura. Hume centra sua crítica sobretudo na teoria do egoísmo.[41] Esta nem mesmo é uma psicologia da natureza humana, pois negligencia o fenômeno da simpatia, igualmente natural. Se se entende por egoísmo o fato de que toda tendência persegue sua própria satisfação, está-se apenas colocando o princípio de identidade, A = A, o princípio formal e vazio de uma lógica do homem, e ainda de um homem inculto, abstra-

---

[36] *Tr.*, 646 [525]: "Seja qual for a coerção que possam impor às paixões humanas, (as regras gerais) são efetivamente as criações dessas paixões e são apenas um meio mais artificial e mais refinado de satisfazê-las. Nada há de mais vigilante e inventivo do que nossas paixões".

[37] *Tr.*, 601 [524]: "Se bem que as regras de justiça sejam artificiais, elas não são arbitrárias. Não é uma impropriedade de termos chamá-las leis da natureza se, por natural, entendemos o que é comum a uma espécie".

[38] É o tema de "Un dialogue" (em *EPM*).

[39] *Tr.*, 748 [658-9].

[40] *Tr.*, 618 [540-1].

[41] *EPM*, seção 2.

to, sem história e sem diferença. Concretamente, o egoísmo só pode designar *certos* meios que o homem organiza para satisfazer suas tendências, por oposição a outros meios possíveis. Então, eis aí o egoísmo colocado em seu lugar, que não é o mais importante. É aí que podemos apreender o sentido da economia política de Hume. Assim como introduz na natureza uma dimensão da simpatia, Hume agrega muitos outros móbeis ao interesse, frequentemente contrários (prodigalidade, ignorância, hereditariedade, costume, hábito, "espírito de avareza e de atividade, de luxo e de abundância"). *Nunca a tendência se abstrai dos meios que se organiza para satisfazê-la.* Nada é mais distante do *homo oeconomicus* do que a análise de Hume. A história, verdadeira ciência da motivação humana, deve denunciar o duplo erro de uma economia abstrata e de uma natureza falsificada.

Nesse sentido, a concepção que Hume tem da sociedade é muito [35] forte. Ele apresenta uma crítica do contrato a ser tão apenas retomada não só pelos utilitaristas como também pela maior parte dos juristas que se oporão ao Direito natural. A ideia principal é esta: a essência da sociedade não é a lei, mas a instituição. A lei, com efeito, é uma limitação dos empreendimentos e das ações, e retém da sociedade um aspecto tão somente negativo. A falha das teorias contratuais é apresentar uma sociedade cuja essência é a lei, cujo objeto é apenas garantir certos direitos naturais preexistentes e que não tem outra origem a não ser o contrato: o positivo é posto fora do social; o social é posto em outro lado, no negativo, na limitação, na alienação. Toda a crítica que Hume faz do estado de natureza, dos direitos naturais e do contrato equivale a mostrar que é preciso reverter o problema. Por si mesma, a lei não pode ser fonte de obrigação, porque a obrigação da lei supõe uma utilidade. A sociedade não pode garantir direitos preexistentes: se o homem entra em sociedade, é justamente porque ele não tem direitos preexistentes. Na teoria que Hume propõe da promessa, vê-se bem como a utilidade devém um princípio que se opõe ao contrato.[42] Onde está a diferença fundamental? A utilidade é da instituição. A instituição não é uma limitação, como é a lei, mas é, ao con-

---

[42] *Tr.*, 635-6 [555-6].

trário, um modelo de ações, um verdadeiro empreendimento, um sistema inventado de meios positivos, uma invenção positiva de meios indiretos. Essa concepção institucional reverte efetivamente o problema: o que está fora do social é o negativo, a falta, a necessidade. Quanto ao social, ele é profundamente criador, inventivo, é positivo. Sem dúvida, dir-se-á que a noção de convenção conserva uma grande importância em Hume. Porém, é preciso não confundi-la com o contrato. Colocar a convenção na base da instituição significa apenas que o sistema de meios representado pela instituição é um sistema indireto, oblíquo, inventado, que é, em uma palavra, cultural.

[36] "É da mesma maneira que as línguas se estabeleceram gradualmente, por convenções humanas, sem promessa alguma."[43]

A sociedade é um conjunto de convenções fundadas na utilidade, não um conjunto de obrigações fundadas em um contrato. Socialmente, portanto, a lei não é primeira; supõe uma instituição que ela limita; do mesmo modo, o legislador não é quem legisla, mas, antes de tudo, quem institui. O problema das conexões entre natureza e sociedade encontra-se aí subvertido: já não se trata das conexões entre direitos e a lei, mas entre necessidades e instituições. Essa ideia nos impõe todo um remanejamento do direito e, ao mesmo tempo, uma visão original da ciência do homem, concebida agora como uma psicossociologia. A utilidade, conexão entre instituição e necessidade, é, pois, um princípio fecundo: o que Hume chama de regra geral é uma instituição. Todavia, se é verdade que a regra geral é um sistema positivo e funcional que encontra seu princípio na utilidade, é preciso ainda compreender de que natureza é o liame que a une a esse princípio.

"Embora as regras da justiça sejam estabelecidas unicamente por interesse, sua conexão com o interesse é al-

[43] *Tr.*, 608 [531].

go singular e difere do que se pode observar em outras ocasiões."[44]

Que a natureza e a sociedade formem um complexo indissolúvel não deveria fazer-nos esquecer que não se pode reduzir a segunda à primeira. Que o homem seja uma espécie inventiva não impede que as invenções sejam invenções. Por vezes, atribui-se ao Utilitarismo uma tese denominada "funcionalista", segundo a qual a sociedade *se explicaria* pela utilidade, a instituição, pela tendência ou necessidade. Talvez tenha sido sustentada essa tese, o que nem mesmo é certo; em todo caso, não o foi por Hume, seguramente. Que uma tendência se satisfaça em uma instituição, é um fato. Falamos aqui de instituições propriamente [37] sociais, e não de instituições governamentais. No casamento, a sexualidade se satisfaz; na propriedade, a avidez. A instituição, modelo de ações, é um sistema prefigurado de satisfação possível. Só não se pode concluir disso que a instituição *se explique* pela tendência. Sistema de meios, diz Hume, mas esses meios são oblíquos, indiretos; eles não satisfazem a tendência sem coagi-la ao mesmo tempo. Tem-se *uma* forma de casamento, *um* regime de propriedade. Por que *tal* regime e *tal* forma? Mil outros são possíveis, e que se encontram em outras épocas, em outros países. É essa a diferença entre o instinto e a instituição: há instituição quando os meios pelos quais uma tendência se satisfaz não são determinados pela própria tendência, nem pelos caracteres específicos.

"As palavras hereditariedade e contrato representam ideias infinitamente complicadas; para defini-las exatamente, vemos que não bastaram 100 volumes de leis e 1.000 de comentários. A natureza, cujos instintos são todos simples nos homens, abarca temas tão complicados e artificiais e cria uma criatura razoável sem nada confiar à operação de sua razão? [...] Todos os pássaros da mesma espécie, em toda época e em todo país, constroem seus ninhos de maneira análoga: é nisso que vemos a força do instinto. Os ho-

[44] *Tr.*, 615 [537].

mens, em diferentes épocas e em diferentes lugares, constroem diferentemente suas casas; vemos aqui a influência da razão e do costume. Uma inferência análoga pode ser tirada de uma comparação entre o instinto de geração e a instituição da propriedade."[45]

Se a natureza é o princípio da semelhança e da uniformidade, a história é o lugar das diferenças. A tendência é geral; ela não explica o particular, por mais que ela encontre nesse particular a forma de sua satisfação.

> "Embora a instituição da regra sobre a estabilidade da posse seja não só útil mas até mesmo absolutamente necessária à sociedade humana, a regra não pode servir a fim algum enquanto permanecer em termos tão gerais."[46]

[38] Em suma, *a utilidade não explica a instituição*: nem a utilidade privada, pois a instituição a coage, nem a utilidade pública, porque esta já supõe todo um mundo institucional que ela não pode criar, ao qual ela está apenas religada.[47] Então, o que é que explica a instituição em sua essência, em seu caráter particular? Hume acaba de dizer: a razão e o costume. Em outra passagem, ele diz: a imaginação,

> "isto é, as mais frívolas propriedades de nosso pensamento e de nossa potência de conceber."[48]

Por exemplo, para ser proprietário de uma cidade abandonada, basta ou não cravar seu dardo em suas portas?[49] Não é simplesmente invocando as tendências e as necessidades que se responde à ques-

---

[45] *EPM*, 58.
[46] *Tr.*, 620 [542].
[47] *Tr.*, 597 [521].
[48] *Tr.*, 622 [544].
[49] *Tr.*, 626 [547].

tão, mas examinando a conexão entre a tendência, as circunstâncias e imaginação. O dardo, eis a circunstância...

> "Quando as propriedades de duas pessoas estão unidas de tal maneira que elas não admitem nem divisão nem separação, o todo deve pertencer ao proprietário da parte mais importante [...] Uma só dificuldade, a de saber qual parte requereremos chamar de mais importante e de mais atraente para a imaginação [...] A superfície submete-se ao solo, diz a lei civil; a escrita ao papel; a tela à pintura. Essas decisões não concordam bem umas com as outras; aí está uma prova da contrariedade dos princípios dos quais elas procedem."[50]

Sem dúvida, as leis de associação, que regram esse jogo da imaginação, são ao mesmo tempo o mais frívolo e o mais sério, o princípio da razão e o benefício da fantasia. Mas no momento não temos de nos ocupar desse problema. Seja como for, basta-nos pressentir isto: o que explica a instituição não é a tendência, mas a *reflexão da tendência na imaginação.* [39] Criticou-se muito depressa o associacionismo; de bom grado, esquece-se que a etnografia nos reconduz a ele e que, como diz ainda Bergson, "encontramos entre os primitivos muitas interdições e prescrições que se explicam por vagas associações de ideias". Isso não é verdadeiro apenas para os primitivos. As associações são vagas, mas no sentido de que elas são particulares e variam segundo as circunstâncias. A imaginação se revela como verdadeira produção de *modelos* extremamente diversos: as instituições são determinadas pelas figuras que traçam as tendências, segundo as circunstâncias, quando elas se refletem na imaginação, em uma imaginação submetida aos princípios de associação. Isso não significa que a imaginação, em sua essência, seja ativa, mas apenas que ela *repercute*, que ela *ressoa*. A instituição é o figurado. Quando Hume define o sentimento, atribui a este uma dupla função: o sentimento coloca fins e reage a todos. Mas essas duas funções são tão somente

---

[50] *Tr.*, 631 [551].

uma: há sentimento quando os fins da tendência são, ao mesmo tempo, todos, aos quais a sensibilidade reage. Como se formam esses todos? Eles se formam quando a tendência e seus fins se refletem no espírito. Porque o homem não tem instintos, porque não está ele submetido pelo próprio instinto à atualidade de um presente puro, ele liberou a potência formadora de sua imaginação, colocou suas tendências em uma conexão imediata e direta com a imaginação. Assim, no homem, a satisfação das tendências não se dá na medida da própria tendência, mas da tendência refletida. É esse o sentido da instituição em sua diferença com o instinto. Podemos, enfim, concluir: natureza e cultura, tendência e instituição, fazem tão somente um, dado que uma se satisfaz na outra, mas fazem dois, pois a segunda não se explica pela primeira.

[40] No tocante ao problema da justiça assim definido, os termos esquema e totalidade se justificam tanto melhor quanto a regra geral jamais indica pessoas particulares; ela não nomeia proprietários.

"Em suas decisões, a justiça nunca olha se objetos são ou não adaptados a pessoas particulares. A regra geral, segundo a qual a posse deve ser estável, não se aplica por meio de juízes particulares, mas por meio de outras regras gerais que devem se estender ao conjunto da sociedade e não podem se curvar, nem por malevolência, nem por favor."[51]

Vimos que a regra é *estabelecida* por interesse, por utilidade, e que é *determinada* por imaginação. Nesse sentido, ela não determina pessoas reais; *ela se determina* e se modifica no enunciado das situações refletidas, das circunstâncias possíveis. É assim que a estabilidade da posse se detalha em direitos diversos: a posse imediata, a ocupação, a prescrição, o acesso, a sucessão. Mas como *corrigir* a inadequação da pessoa real e das situações possíveis? Essa própria inadequação pode ser considerada uma circunstância, uma situação. Então, a mo-

[51] *Tr.*, 620-1, 678 [542-3, 594-5].

bilidade das pessoas será regrada pela transferência consentida, quando o objeto sobre o qual incide a transferência está presente ou é particular, e pela promessa, quando o próprio objeto está ausente ou é geral.[52] Portanto, devemos distinguir três dimensões, aliás simultâneas, da regra geral: seu *estabelecimento*, sua *determinação*, sua *correção*.

Resta uma dificuldade: graças às regras gerais, a simpatia *[41]* ganhou a constância, a distância e a uniformidade do verdadeiro juízo moral, mas ela perdeu em vivacidade o que ganhou em extensão.

> "As consequências de cada dano causado à equidade são, parece, muito remotas e não são de natureza a contrabalançar uma vantagem imediata que se pode recolher dessa injustiça."[53]

Já não se trata, como há pouco, de atribuir à regra uma determinação, mas uma vivacidade que lhe falta. Já não se trata de detalhar, mas de *apoiar*, de avivar a justiça.[54] Não bastaria detalhar pela imaginação situações possíveis na extensão da justiça; é preciso agora que essa própria extensão devenha uma situação real. É preciso, de uma maneira artificial, que o mais próximo devenha o mais longínquo e que este devenha o mais próximo. É este o sentido do governo.

> "Os homens não podem mudar sua natureza. Tudo o que podem fazer é mudar sua situação e fazer da justiça o interesse direto de alguns homens particulares e, de sua violação, seu mais fraco interesse."[55]

Reencontramos aqui o princípio de toda filosofia política séria. A verdadeira moral não se dirige às crianças na família, mas aos adultos no Estado. Ela não consiste em mudar a natureza humana, mas

---

[52] *Tr.*, 640 [559] (nesse sentido, a promessa nomeia pessoas: p. 678 [594]).
[53] *Tr.*, 656, 659 [574, 577].
[54] *Tr.*, 665 [582-3].
[55] *Tr.*, 658 [576].

em inventar condições artificiais objetivas tais que os maus aspectos dessa natureza não possam triunfar. Para Hume, assim como para todo o século XVIII, essa invenção será política, somente política. Os governantes, "satisfeitos com sua condição presente no Estado", captam o interesse geral sob o aspecto do imediato, compreendem a justiça como o bem de sua vida; para eles, o mais distante deveio o mais próximo. Inversamente, os governados veem o mais próximo devir o mais longínquo, pois eles *[42]* colocaram "fora de seu poder toda transgressão das leis da sociedade".[56] Portanto, o governo e a propriedade mantêm entre si quase que a mesmo conexão existente entre a crença e a abstração; trata-se, no segundo caso, de atribuir papéis e, no primeiro, de conferir uma vivacidade. Assim, a lealdade vem completar a lista das regras gerais. Também nesse nível a teoria do contrato acha-se criticada. A questão não é fundar o governo na promessa, porque a promessa é um efeito da determinação da justiça, e a lealdade é um apoio. Justiça e governo têm a mesma fonte; "são inventados para remediar inconvenientes semelhantes": a justiça inventa somente uma extensão, o governo inventa uma vivacidade. Submetida à justiça, a observação da lei das promessas é, por isso mesmo e em outro plano, o efeito da instituição do governo, não sua causa.[57] O apoio da justiça é, portanto, independente da determinação, e se faz *de outra parte*. Mas, justamente e tanto mais deve ele, por sua vez, se determinar, se detalhar por sua conta e, depois, como a própria determinação, deve suprir, ao corrigir-se, uma inadequação que o concerne. As determinações da soberania serão a longa posse, o acesso, a conquista, a sucessão. Em casos raros e precisos, a correção da soberania será um certo direito à resistência, uma legitimidade da revolução. É de se observar que as revoluções permitidas não são políticas: com efeito, o problema principal do Estado não é um problema de representação, mas de crença. Segundo Hume, o Estado não tem de representar o interesse geral, mas fazer do interesse geral um objeto de crença, dando-lhe, mesmo que por meio do aparelho de suas sanções, essa vivacidade que só o interesse particular tem naturalmente

---

[56] *Tr.*, 677 [594].

[57] *Tr.*, 667-71 [584-9].

para nós. Se os governantes, em vez de mudar sua situação, em vez de adquirir um interesse imediato na execução da justiça, submetem a execução de uma justiça *[43]* falsificada às suas próprias paixões tornadas imediatas, então, e somente então, a resistência é legítima em nome de uma regra geral.[58]

No ponto em que nos encontramos, uma primeira série de regras deu uma extensão ao interesse, uma generalidade que ele não tinha por si mesmo: nesse movimento, a posse deveio propriedade, estabilidade da posse. Uma segunda série de regras deu a esse interesse geral uma presença, uma vivacidade que ele não tinha por si mesmo. Mas os obstáculos que a sociedade tinha de vencer não eram apenas a instabilidade dos bens, o caráter abstrato do interesse geral. Havia também a raridade dos bens.[59] E a estabilidade, longe de transpor esse obstáculo, confirmava-o, consignando à posse condições favoráveis à formação de grandes propriedades. Hume desenvolve frequentemente a ideia de que, por uma dialética interna, a propriedade engendra e desenvolve a desigualdade.[60] É preciso, portanto, uma terceira série de regras, que disfarce a desigualdade e a raridade ao mesmo tempo. Essas regras serão o objeto da economia política. À estabilidade da posse e à lealdade ao governo acrescenta-se, enfim, a prosperidade do comércio; este "incrementa a atividade, transportando-a prontamente de um membro do Estado a outro e não permitindo que ninguém soçobre ou devenha inútil".[61]

Indicaremos apenas o tema principal da economia de Hume. Como ocorre com os dois precedentes tipos de regras, também a prosperidade do comércio se determina e se corrige. Suas determinações (circulação monetária, capital, juro, exportação) nos mostram sua conexão com a propriedade. Suas correções nos mostrarão sobretudo sua conexão com o Estado, conexão acidental e que vem de fora. O comércio supõe a propriedade, implica uma propriedade *[44]* preexistente: economicamente, a renda fundiária é primeira. A significação

---

[58] *Tr.*, 672-6 [589-93].

[59] *Tr.*, 605 [528].

[60] *EPM*, 50; *Essais économiques* (Paris, Guillaumin), p. 46.

[61] *Essais économiques*, 52.

do comércio em geral é assegurar para a propriedade fundiária, fenômeno político, um equilíbrio econômico que ela não tem por si mesma. A taxa de juro nos dá um exemplo preciso disso. Por si mesma, "nas nações civilizadas e populosas", a propriedade coloca frente a frente uma classe de proprietários e uma classe de camponeses, de tal modo que uns "criam uma demanda contínua de empréstimos" e os outros "não têm o dinheiro necessário para atender a essa demanda". É o progresso do comércio que ultrapassa essa contradição entre elevada demanda de empréstimos e poucas riquezas, formando um "juro capitalista", ao "dar nascimento a um grande número de prestamistas e ao determinar, assim, uma baixa taxa de juro".[62] Quanto à conexão entre o comércio e o Estado, compreende-se o seu princípio quando se pensa que a prosperidade do comércio acumula um capital de trabalho que dá comodidade e felicidade aos súditos, mas que o Estado, *em caso de necessidade*, pode sempre reivindicar, reclamar para si.

"É um método violento e muito geralmente impraticável o de obrigar o lavrador a fatigar-se para obter da terra mais do que o suficiente para sua família e para si mesmo. Dai-lhe manufaturas e mercadorias, e por si só ele trabalhará mais. Então, ser-vos-á fácil tomar-lhe uma parte do seu trabalho supérfluo e colocá-la a serviço do Estado sem dar a ele seu lucro habitual."[63]

O Estado sem método e sem regra age bruscamente, violentamente; suas ações são acidentes repetidos que se impõem aos seus súditos, contrariando a natureza humana. No Estado metódico, ao contrário, aparece toda uma teoria do acidente, objeto de regras corretivas; tal Estado encontra no comércio a afirmação possível de sua potência, com a condição real da prosperidade dos seus súditos, ambas em conformidade com a natureza.

---

[62] *Essais économiques*, 48.

[63] *Essais économiques*, 13.

[45] Observou-se frequentemente que, em Hume e nos utilitaristas, a inspiração econômica e a inspiração política eram muito diferentes. Em seu livro sobre o utilitarismo,[64] Halévy distingue três correntes: em moral, a fusão natural dos interesses (simpatias); em política, a identificação artificial dos interesses; em economia, a identidade mecânica dos interesses. Vimos suas conexões: não se trata de três "correntes". Observemos, finalmente, que a mecânica da economia não é menos artificial do que o artifício da legislação: o comércio não é menos instituição do que a propriedade; e ele a supõe. Mas a economia, dizem-nos, não tem necessidade de um legislador, nem de um Estado. Sem dúvida, continuará sendo o caráter de uma época, às vésperas do desenvolvimento do capitalismo, não ter visto, de ter por vezes somente pressentido que o interesse dos proprietários fundiários, dos capitalistas e sobretudo dos trabalhadores não era um só e mesmo interesse. É preciso procurar o princípio de uma tal concepção, todavia tão concreta sob outros aspectos, em uma ideia que aparece frequentemente em Hume. No caso da propriedade, diz ele, há um problema de quantidade: os bens são raros, e eles são instáveis por serem raros. Eis por que a propriedade invoca um legislador e um Estado. A quantidade de moeda, ao contrário, sua abundância ou raridade, não age por si mesma: a moeda é objeto de uma mecânica. Pode-se dizer que o tema essencial e quase único dos ensaios econômicos de Hume é mostrar que os efeitos ordinariamente atribuídos à quantidade de moeda dependem, na realidade, de outras causas. E eis o que há de concreto nessa economia: a ideia de que a atividade econômica implica uma motivação qualitativa. Mas, sensível à diferença entre o comércio e a propriedade, do ponto de vista da quantidade, Hume conclui que, em uma sociedade, a harmonia quantitativa das atividades econômicas se estabelece mecanicamente, contrariamente ao que se passa na propriedade.

[46] Em função de tudo isto, pode-se traçar o seguinte quadro das regras gerais ou das categorias morais:

---

[64] Élie Halévy, *La Formation du radicalisme philosophique*, t. I (Paris, Félix Alcan, 1901).

a) *A justiça*	b) *O governo*	c) *O comércio*
1º) Conteúdo da regra geral: estabilidade da posse;	1º) Apoio da regra geral: lealdade ao governo;	1º) Complemento da regra geral: prosperidade do comércio;
2º) Determinação da regra geral por regras gerais: posse imediata, ocupação etc.;	2º) Determinação do apoio: longa posse, acesso etc.;	2º) Determinação do complemento: circulação monetária, capital etc.;
3º) Correção, por regras gerais, da determinação precedente: promessa, transferência.	3º) Correção: resistência.	3º) Correção: taxas, serviço do Estado etc.

3.
O PODER DA IMAGINAÇÃO
NA MORAL E NO CONHECIMENTO
[47]

Ora Hume nos diz que a regra geral é essencialmente a unidade de uma reflexão e de uma extensão. Com efeito, ambas são idênticas: a paixão se estende porque ela se reflete, sendo este o princípio de estabelecimento da regra. Outras vezes, porém, ele nos diz que é preciso distinguir dois tipos de regras não idênticas, sendo umas determinantes e, as outras, corretivas. As primeiras são mais *extensivas* que reflexivas: "os homens se entregam com força às regras gerais e conduzem frequentemente suas máximas para além das razões que os levaram a estabelecê-las inicialmente. Quando casos se assemelham em inúmeras circunstâncias, somos levados a colocá-los em pé de igualdade, sem considerar que diferem nas mais essenciais circunstâncias".[1] É próprio de tais regras estenderem-se para além das circunstâncias das quais nasceram. Elas não compreendem a exceção, desconhecem o acidental, que confundem com o geral ou o essencial: é o inconveniente da cultura. Quanto às regras do segundo tipo, as regras corretivas, elas são mais *reflexivas* do que extensivas. O que elas corrigem é precisamente a *[48]* extensão das precedentes. Em vez de confundir o acidental com o geral, elas se apresentam como regras gerais concernentes ao próprio acidental ou à exceção.

"Regras gerais se estendem comumente para além dos princípios que as fundam. É raro fazermos exceção a esse respeito, a não ser que ela tenha as qualidades de uma regra geral e se funde em casos muito numerosos e muito comuns."[2]

[1] *Tr.*, 673 [590].
[2] *Tr.*, 674 [591].

Essas segundas regras enunciam um estatuto da experiência que dá a razão de todos os casos possíveis; em última instância, a exceção é um objeto natural e, por efeito do costume e da imaginação, devém o objeto de uma experiência e de um saber, de uma casuística. Eis-nos diante de duas ideias a serem conciliadas: a extensão e a reflexão são idênticas, mas são diferentes. Ou então: dois tipos de regras se distinguem, se combatem; todavia, eles têm a mesma origem, o mesmo princípio de constituição. Eis-nos remetidos ao problema principal: como é possível a regra?

Partimos da unidade: a regra é, ao mesmo tempo, extensão e reflexão da paixão. A paixão se reflete. Mas onde? Em quê? Na imaginação. A regra geral é a paixão refletida na imaginação. Sem dúvida, o que é próprio das qualidades da paixão como princípios da natureza é afetar, qualificar o espírito. Mas, inversamente, o espírito reflete sua paixão, suas afecções:

> "Tudo o que é agradável aos sentidos também é, em alguma medida, agradável à imaginação e apresenta ao pensamento uma imagem da satisfação que advém de sua aplicação real aos órgãos do corpo."[3]

Refletindo-se, a paixão se encontra diante de uma reprodução ampliada de si mesma, se vê liberada dos limites e das condições de sua própria atualidade e, assim, vê abrir-se todo um domínio artificial, *[49]* mundo da cultura, no qual ela pode se projetar em imagem e se desenrolar sem limites. Refletido, o interesse ultrapassa sua parcialidade. Isso quer dizer que a imaginação, povoando-se com a imagem das paixões e de seus objetos, adquire "todo um jogo de paixões que lhe pertencem".[4] Na reflexão, a paixão se imagina e a imaginação se apaixona: *a regra é possível*. A definição real da regra geral é esta: uma paixão da imaginação. "A imaginação se fixa às visões gerais das coisas."[5]

---

[3] *Tr.*, 462 [392-3].
[4] *Tr.*, 711 [624].
[5] *Tr.*, 713 [626].

Nesse sentido, distinguiremos três tipos de regras. Primeiramente, *a regra de gosto*. Reencontramos o mesmo problema, sob outra forma: como o sentimento ultrapassa sua inconstância para devir um juízo estético? As paixões da imaginação não exigem de seu objeto a eficácia, a adaptação própria aos objetos reais; "essas paixões são movidas por graus de vida e de força que são inferiores à *crença* e não dependem da existência real de seus objetos".[6] A virtude em farrapos é ainda virtude; um solo fértil, mas deserto, nos leva a pensar na felicidade de seus habitantes possíveis.

> "É preciso que os sentimentos toquem o coração para que eles comandem nossas paixões, mas não é necessário que eles ultrapassem a imaginação para que influenciem nosso gosto."[7]

Assim, o gosto é sentimento da imaginação, não do coração. É uma regra. O que funda uma regra em geral é a distinção do poder e de seu exercício, distinção que só a imaginação pode fazer, pois ela reflete a paixão e seu objeto, separando-os de sua atualidade, retomando-os no modo do possível. A estética é a ciência que considera as coisas e os seres sob essa categoria do poder ou da *[50]* possibilidade. Um belo homem em prisão perpétua é o objeto de um juízo estético, não somente porque seu vigor e seu equilíbrio, características próprias do seu corpo, estão separados de um exercício atual e são apenas imaginados, mas porque a imaginação se apaixona então por suas características próprias.[8] É essa tese que Hume desenvolve com mais precisão ainda no exemplo da tragédia. O problema é este: como pode regozijar-nos o espetáculo de paixões em si mesmas desagradáveis e tenebrosas? Quanto mais o poeta sabe nos afligir, nos aterrorizar, nos indignar, "mais contentes ficamos".[9] E, criticando uma tese de Fontenelle, Hume observa que não basta dizer que as paixões, nas tragé-

---

[6] *Tr.*, 711 [624].
[7] *Tr.*, 712 [626].
[8] *Tr.*, 710-1 [624].
[9] David Hume, *Essays*: Of tragedy [1755; 1757].

dias, são fictícias, enfraquecidas. Dizer isso seria ver um só lado da solução, o lado negativo e o menos importante. Não há uma diferença de grau entre o real e a arte; a diferença de grau é tão somente a condição de uma diferença de natureza.

> "Não é simplesmente diminuindo e enfraquecendo a tristeza que as ficções trágicas temperam as paixões; isto se obtém sobretudo, se se pode dizer, pela infusão de um novo sentimento."[10]

Não basta que a paixão se imagine; é preciso que a imaginação se apaixone ao mesmo tempo. Para colocar em cena uma imagem das paixões, a tragédia guarnece de paixões a imaginação dos espectadores. Assim como o interesse refletido ultrapassa sua parcialidade, a paixão refletida muda sua qualidade: a tristeza ou a tenebrosidade de uma paixão representada se afoga no prazer de um jogo quase infinito da imaginação. O objeto de arte tem, portanto, um modo de existência que lhe é próprio, que não é o do objeto real e nem do objeto da paixão atual: a inferioridade do grau de crença é a condição de uma outra espécie de crença. O artifício tem sua crença.

[51] Apenas indiquemos o segundo tipo de regra, *a regra de liberdade*. Sentimos que a vontade, espécie de paixão,

> "se move facilmente em todos os sentidos e que produz uma imagem de si mesma, inclusive do lado em que ela não se fixa."[11]

Finalmente, *a regra de interesse e de dever*.

> "Dois objetos são ligados pela relação de causa e efeito não só quando um dos dois produz no outro um movimento ou um ato qualquer, mas também quando ele tem o poder de produzi-lo [...] Um patrão é esse homem que, pela

---

[10] *Essays*: Of tragedy, 161.
[11] *Tr.*, 517 [444].

sua situação, a qual se origina na força ou num acordo, tem o poder de dirigir em certos pontos as ações de um outro homem, ao qual se chama de empregado."[12]

Hume analisa de maneira mais precisa um outro exemplo de relação de dever, aquela que liga a mulher ao marido. Como objeto de paixão real, a mulher não pode dar àquele que a ama uma certeza e uma segurança perfeitas: a anatomia se opõe a isso; jamais o marido está seguro de que sejam seus os filhos do casal.[13] Refletida na imaginação, essa incerteza se sublima e ganha um conteúdo social e cultural, aparece como a exigência de virtudes especificamente femininas: uma mulher deve sempre ser casta, modesta e decente, enquanto objeto de paixão possível.

"Uma vez estabelecida uma regra geral desse gênero, somos levados a estendê-la para além dos princípios dos quais, inicialmente, nasceu. Também os solteiros, por mais debochados que sejam, sentem-se chocados em face de qualquer exemplo de indecência ou de impudicícia de uma mulher."[14]

É a imaginação, portanto, que torna possível uma reflexão da paixão. A regra geral é a repercussão da afecção no espírito, na imaginação. As regras são os procedimentos reflexionantes, *[52]* as ideias da prática. Então, precisamos remanejar nosso primeiro esquema, demasiado simples. Vimos que os princípios da natureza, as qualidades da paixão, deviam ser exclusivamente estudados em seu efeito sobre o espírito. Porém, esse efeito consistia simplesmente no seguinte: a imaginação era afetada, fixada. Tratava-se de um efeito simples. Vemos agora que é preciso juntar a ele um efeito complexo: a imaginação reflete a afecção, a afecção repercute no espírito. Na medida em que os princípios da moral e da paixão afetam o espírito, este deixa

[12] *Tr.*, 77 [36].
[13] *Tr.*, 694 [610].
[14] *Tr.*, 696 [612].

de ser uma fantasia, se fixa e devém uma natureza humana. Mas, na medida em que o espírito reflete essas afecções que o fixam, ele é ainda uma fantasia neste outro plano, de uma nova maneira. A fantasia se recupera nos princípios de sua transformação, pois pelo menos alguma coisa das afecções se subtrai a toda reflexão. O que não pode deixar-se refletir, sem contradição, é precisamente o que define o exercício real das afecções: a atualidade dos limites, a ação pela qual as afecções fixam o espírito sob tal ou qual forma. Ao refletir as formas de sua própria fixação, a imaginação as libera e se libera delas, estira-as infinitamente. Isto é, ela faz do limite um objeto da fantasia, ela simula o limite ao apresentar o acidente como essencial; ela separa o poder do seu exercício atual. Tal separação, diz Hume, é uma ilusão da fantasia.[15] O poder da imaginação é imaginar o poder. Em suma, a paixão não se reflete na imaginação sem que a imaginação estenda a paixão. A regra geral é essa unidade absoluta *de uma reflexão* da paixão na imaginação e de uma *extensão* da paixão [53] pela imaginação. *É nesse sentido que reflexão e extensão são apenas um.*

Mas é também neste sentido que elas são duas, dado que serão necessárias correções ulteriores para instaurar todo um rigor nesse novo domínio. Desta vez a reflexão será uma reflexão *sobre* a reflexão precedente ou, se se quer, sobre o interesse refletido. Por que a mesma palavra reflexão nos dois casos? É que a extensão, há pouco, já era por si mesma uma correção: ela ultrapassava a parcialidade das paixões naturais. Porém, uma vez que ela não ultrapassava a natureza sem confundir a essência e o acidente, ela reclamava uma nova correção na e em prol da nova ordem que ela instaurava, uma nova ordem séria. Com efeito, não é suficiente conceber o artifício unicamente sob o aspecto da fantasia, da frivolidade e da ilusão, pois se trata também do mundo sério da cultura. A distinção entre natureza

---

[15] *Tr.*, 412 [346]: "Quando tratei do entendimento, observei que a distinção que estabelecemos entre um poder e seu exercício é perfeitamente fútil, e que não devemos atribuir capacidade alguma a um homem, nem a outro ente, a não ser que tal capacidade se exerça e entre em ação. Ora, tal observação é de uma verdade estrita para uma maneira precisa e filosófica de pensar; mas não é, certamente, a filosofia de nossas paixões, e muitas coisas agem sobre elas por meio da ideia e da suposição de um poder independente de seu exercício atual".

e cultura é exatamente a distinção entre efeito simples e efeito complexo. E se Hume manifesta em toda sua obra um interesse constante pelos problemas da psicologia animal, talvez seja porque o animal é uma natureza sem cultura: os princípios atuam sobre seu espírito, mas o efeito é tão somente um efeito simples. Não tendo regras gerais, mantido pelo instinto na atualidade, carente de fantasia permanente e de procedimentos reflexivos, o animal carece também de história. O problema está aí, justamente: como explicar que, no homem, a cultura ou a história se constituam da mesma maneira pela qual a fantasia se recobra, ao mesmo tempo em que se recupera pela repercussão das afecções no espírito? *Como explicar essa união do mais frívolo e do mais sério?*

Vimos que a paixão, na medida em que se refletia, devia se refletir necessariamente na fantasia. Mas, de fato, ela repercute em uma fantasia já fixada e afetada, naturalizada, não evidentemente fixada pelas qualidades da paixão, mas por esses outros princípios da natureza que atuam em outro plano, os modos *[54]* de associação. Eis por que a regra se determina. É sob essa condição que a paixão traça efetivamente figuras constantes e determinadas na imaginação. Isso é expressamente indicado por Hume:

"*No juízo e no entendimento*, a natureza fornece um remédio ao que há de irregular e de incômodo nas afecções."[16]

Já na estética, é através dos princípios de associação que a paixão se reflete, de modo que esses princípios fornecem um detalhe das regras da composição: "não há obra que não seja uma cadeia de *proporções* e de raciocínios".[17] Do mesmo modo, é por meio dos princí-

---

[16] *Tr.*, 606 [529] (sublinhado por Gilles Deleuze).

[17] *Essays*: Of the standard of Taste. [Grifei "proporções", pois Hume emprega o termo "proposições" na frase mais parecida com essa tradução anotada por Deleuze, que, infelizmente, não indica a página do original inglês. Eis a frase: "Besides, every kind of composition, even the most poetical, is nothing but a chain of propositions and reasonings" — "Além disso, todo tipo de composição, mes-

pios de associação, como vimos, que são determinadas as regras da propriedade, ocupação, acesso, sucessão etc.:

> "Um homem que perseguiu uma lebre até o último grau de fadiga veria como injustiça que outro homem se precipitasse antes dele e se apoderasse de sua presa. Mas o mesmo homem que se adianta para colher uma maçã que penda ao seu alcance não tem razão alguma de queixar-se no caso de outro homem, mais alerta, ultrapassá-lo e tomá-la para si. Qual é a razão dessa diferença senão o fato de que a imobilidade, que não é natural à lebre, constitui uma forte relação com o caçador, relação que falta no outro caso?"[18]

O Direito, todo ele, é associacionista. O que pedimos a um árbitro, a um juiz, é que *aplique* a associação de ideias, que diga com quem, com o quê a coisa está em relação no espírito de um observador em geral. "É a opinião dos filósofos e dos juristas que o mar não pode vir a ser propriedade de nação alguma, pois não se pode estabelecer com ele uma relação distinta tal que possa ser o fundamento de uma propriedade. Quando essa razão desaparece, a propriedade aparece imediatamente. Assim, os mais fogosos advogados da liberdade dos mares concordam universalmente em que os estuários e as baías pertencem naturalmente, como acessos, aos proprietários *[55]* do continente que os rodeiam. Estuários e baías não estão, propriamente falando, mais ligados e unidos à terra do que o oceano; porém, como estão unidos na imaginação e como, ao mesmo tempo, são menores, eles naturalmente são vistos como acessos."[19] Em suma, tanto para a determinação das regras da propriedade como para a compreensão da história, a imaginação se serve essencialmente dos princípios de asso-

---

mo a mais poética, é tão somente um encadeamento de proposições e raciocínios". Cf. Essay XXIII — Of the standard of Taste (1757), em *Essays: Moral, Political and Literary*, Londres, Oxford University Press, s.d., p. 246. (N. do T.)]

[18] *Tr.*, 625 [547].

[19] *Tr.*, 629-30 [550].

ciação; sua norma é a transição fácil.[20] Assim, a imaginação, apreendida na unidade que forma com o efeito simples dos princípios de associação, tem verdadeiramente o porte de uma imaginação constituinte; ela é aparentemente-constituinte.

Porém, mesmo nesse caso, não se deve esquecer que, em última instância, a fantasia é que invoca os princípios de associação: estes a fixavam no plano do conhecimento; agora ela se serve deles para detalhar e determinar o mundo da cultura. Vê-se o liame fundamental entre o artifício e a fantasia, entre as partes relativas ao mais sério e ao mais frívolo.

> "Suspeito que as regras que determinam a propriedade sejam principalmente fixadas pela imaginação, isto é, pelas mais frívolas propriedades de nosso pensamento e de nossa potência de conceber."[21]

Do mesmo modo, os raciocínios que constituem a estrutura lógica de uma obra são especiosos, apenas plausíveis, "e o colorido com o qual a imaginação os recobre não impede que os reconheçamos".[22] Por detrás dos conteúdos determinados das regras da propriedade e da [56] soberania desponta a fantasia; mais claramente ainda, ela se revela graças às frouxidões de tais regras[23] ou graças às suas oposi-

---

[20] *Tr.*, 624 [546]: "Estamos em posse de um objeto, diz-se, não só quando o tocamos imediatamente, mas ainda quando estamos vinculados a ele de maneira a tê-lo em nosso poder para dele nos servir; e que possamos movê-lo, modificá-lo ou destruí-lo segundo nosso prazer ou nossa vantagem presentes. Essa relação, portanto, é uma espécie da relação de causalidade". Sobre a transição fácil, cf. *Tr.*, 626 [548], 634 [554-5], 684 [600-1], 690 [605-6].

[21] *Tr.*, 622 [544].

[22] *Essays*: Of the standard of Taste.

[23] Donde a existência das disputas e das violências: *Tr.*, 625 [546-7]: "Se procurássemos a solução dessas dificuldades na razão e no interesse público, jamais obteríamos satisfação; e se observamos pelo ângulo da imaginação, é evidente que as qualidades que agem sobre essa faculdade se fundam uma na outra de maneira tão insensível e tão gradual que é impossível assinalar-lhes limites ou um termo preciso".

ções mútuas.[24] Eis por que há processos, eis por que as discussões jurídicas podem ser infinitas. Assim, em um exemplo de ocupação, o da cidade e do dardo,

> "não se pode encerrar a discussão, porque a questão toda depende da imaginação; esta, nesse caso, não possui regra precisa e determinada que permita emitir um julgamento."[25]

No final das contas, o historiador fica *perplexo*.[26] A perplexidade do historiador junta-se ao ceticismo do filósofo e o completa. *Eis por que as determinações da regra deverão ser corrigidas*, deverão ser o objeto de uma segunda reflexão, de uma casuística ou de uma teoria do acidental; é preciso ocupar o intervalo entre os princípios do entendimento e o novo domínio onde a fantasia os aplica.

A ilusão da fantasia é a realidade da cultura. A realidade da cultura é uma ilusão do ponto de vista do entendimento, mas ela se afirma em um domínio no qual o entendimento não pode e nem tem de dissipar a ilusão. Por exemplo, a necessidade de uma ação, tal como o entendimento a concebe, não é uma qualidade da ação nem do agente e sim do ser pensante que os considera; do mesmo modo, na medida em que nós, agentes, efetuamos *[57]* a ação, não podemos sentir necessidade alguma, acreditamo-nos forçosamente livres.[27] Nesse sentido, a ilusão não é menos real do que o entendimento que a denuncia; a cultura é uma experiência falsa, mas é também uma verdadeira experiência. O entendimento só tem o direito de exercer sua crítica se, indevidamente, transformamos os poderes da cultura em existências reais, se damos uma existência real às regras gerais.[28] Caso contrá-

---

[24] *Tr.*, 685 [601-2]: a propósito da soberania, "quando esses títulos se misturam e se opõem em diferentes graus, eles frequentemente produzem perplexidade e são menos suscetíveis de receber uma solução advinda dos argumentos dos jurisconsultos e dos filósofos do que do sabre da soldadesca".

[25] *Tr.*, 626 [547].

[26] *Tr.*, 685 [602].

[27] *Tr.*, 517 [444].

[28] *Tr.*, 516 [443].

rio, o entendimento nada pode. Ele deixa que lhe tomem de empréstimo seus princípios de associação para que o mundo da cultura seja determinado; ele corrige a extensão que tais princípios então ganham, compondo toda uma teoria da exceção, mas que faz parte da própria cultura.

O nó do problema está nas conexões entre a paixão e a imaginação. A determinação dessas conexões constitui a verdadeira originalidade da teoria das paixões. Com efeito, qual é a conexão simples, entre a imaginação e a paixão, que permitirá a esta desenvolver naquela seu efeito complexo? Assim como os modos de associação, também os princípios da paixão ultrapassam o espírito e o fixam.

"Se a natureza não tivesse dado qualidades originais ao espírito, este nunca viria a ter qualidades secundárias: nesse caso, com efeito, faltar-lhe-ia base para agir e ele jamais teria podido começar a exercer-se."[29]

Mas essas qualidades da paixão não fixam a imaginação da mesma maneira que os modos de associação. Estes davam às ideias relações recíprocas possíveis; aquelas dão uma direção, um sentido a essas relações, atribuindo-lhes uma realidade, um movimento unívoco, um primeiro termo, portanto. O eu, por exemplo, é o objeto do orgulho e da humildade em virtude de uma propriedade natural e *[58]* original que confere à imaginação um pendor, uma inclinação. A ideia, ou melhor, a impressão do eu[30] *retém* o espírito.

"Se um homem é meu irmão, sou igualmente irmão dele; mas as relações, apesar de sua reciprocidade, têm efeitos muito diferentes sobre a imaginação."[31]

A imaginação passa facilmente do mais distante ao mais próximo, do meu irmão a mim, não de mim ao meu irmão. Outro exemplo:

[29] *Tr.*, 379 [314-5].
[30] *Tr.*, 419 [352].
[31] *Tr.*, 442 [374].

"os homens se interessam principalmente pelos objetos que não estão muito distantes no espaço e no tempo."[32]

Ainda da mesma maneira, a inclinação da imaginação é ir do presente ao futuro; "projetamos adiante nossa existência mais do que a fazemos retroceder".[33] Vê-se como as duas espécies de afecções, a relação e a paixão, se situam uma relativamente à outra: a associação reata as ideias na imaginação; a paixão dá um sentido a essas relações, dá, pois, uma inclinação à imaginação. De modo que a paixão, de certa maneira, tem necessidade da associação de ideias, mas, inversamente, a associação supõe a paixão. Se as ideias se associam, isso ocorre em função de um objetivo ou de uma intenção, de uma finalidade que só a paixão pode conferir à atividade do homem.[34] É por ter paixões que o homem associa suas ideias. Há, portanto, uma dupla implicação da paixão e da associação de ideias. "Pode-se observar nesses dois gêneros de associação", diz Hume, a associação de ideias no conhecimento e a associação de impressões na paixão, "que eles se secundam e se apoiam extremamente um ao outro".[35] Assim, a imaginação segue a inclinação que a paixão lhe dá; a conexão que ela propõe torna-se real ao devir unívoca *[59]*, e é tão só uma parte componente, uma circunstância da paixão. Eis aí o efeito simples da paixão sobre a imaginação. Mas a imaginação é ainda aquilo em que a paixão, com suas circunstâncias, se reflete através dos princípios de associação para constituir as regras gerais e valorizar o mais longínquo, o mais distante, *para além da inclinação da imaginação*. Eis aí o efeito complexo. Por um lado, o possível devém real; por outro lado, o real se reflete.

Poderíamos, finalmente, resolver aqui o problema do eu, dando um sentido à esperança de Hume? Podemos dizer agora o que é a ideia da subjetividade. O sujeito não é uma qualidade, mas a qualificação de uma coleção de ideias. Dizer que a imaginação é *afetada* pelos prin-

---

[32] *Tr.*, 539 [464].
[33] *Tr.*, 542 [467].
[34] *EPM*, 60-1.
[35] *Tr.*, 383 [318].

cípios significa que um conjunto qualquer é qualificado como um sujeito parcial, atual. Portanto, a ideia da subjetividade é a reflexão da afecção na imaginação, *é a própria regra geral*. A ideia já não é aqui o objeto de um pensamento, a qualidade de uma coisa, ela não é representativa. É uma regra, um esquema, uma regra de construção. Ultrapassando a parcialidade do sujeito do qual ela é a ideia, a ideia da subjetividade inclui, em cada coleção considerada, o princípio e a regra de um acordo possível entre os sujeitos. É assim que o problema do eu, sem solução no plano do entendimento, encontra um desenlace moral e político unicamente na cultura. Vimos que a origem e a afecção não podiam se unir em um eu, pois subsiste nesse nível toda a diferença entre os princípios e a fantasia. O que constitui o eu, de fato e agora, é a síntese da própria afecção e de sua reflexão, a síntese de uma afecção que fixa a imaginação e de uma imaginação que reflete a afecção.

Assim, a razão prática é a instauração de um todo da cultura e da moralidade. Que esse todo se detalhe não é contraditório, pois seu detalhe consiste em determinações gerais, não em [60] partes.[36] Como pode essa instauração efetuar-se? É a *imaginação esquematizante* que a torna possível. E o esquematismo manifesta e traduz as três propriedades da imaginação: esta é reflexionante, essencialmente transbordante, aparentemente constituinte. Todavia, no outro polo, a razão teórica é a determinação do detalhe da natureza, *isto é*, das partes submetidas ao cálculo.

Como é possível, por sua vez, essa determinação? Seguramente, não o é da mesma maneira que a instauração, pois vimos que o sistema do entendimento e o sistema da moral não são afecções paralelas do espírito. Deve haver aí um esquematismo particular da razão teórica. Aqui, o esquematismo já não é o princípio de construção de um todo, mas o princípio de determinação de partes. O papel dos princípios de associação é o de fixar a imaginação. Mas a associação não

---

[36] *Tr.*, 678 [594-5]. Cf. *Tr.*, 620 [543]: "Em suas decisões, a justiça nunca olha se os objetos são ou não adaptados a pessoas particulares; mas ela se conduz por visões mais amplas".

tem necessidade, como tem a paixão, de se refletir para se acalmar, para constituir a razão: ela é imediatamente calma;

"ela opera secretamente e calmamente no espírito."[37]

A razão, portanto, é a imaginação devinda natureza, é o conjunto dos efeitos simples da associação, ideias gerais, substâncias, relações. Nesse sentido, há somente dois tipos de razões, pois há dois tipos de relações. Deve-se distinguir as relações de ideias, "aquelas que dependem inteiramente das ideias que comparamos entre si" (semelhança, conexões entre quantidades, graus de qualidade, contrariedade), e as relações de objetos, "aquelas que podem variar sem variação alguma das ideias" (relações de tempo e de lugar, identidade, causalidade).[38] Paralelamente, duas razões se distinguem *[61]*, a que procede por *certeza* (intuição ou demonstração)[39] e a que procede em função de probabilidades[40] (razão experimental, *entendimento*).[41] Sem dúvida, essas duas razões são apenas dois usos que ocorrem em função das espécies de relações; têm, portanto, uma raiz comum, *a comparação*, de modo que suas respectivas convicções não deixam de se vincular (certeza e crença).[42] Nem por isso são elas menos distintas uma da outra. Por exemplo, uma vez mostrado que a causalidade não é o objeto de uma certeza ou de um conhecimento, falta perguntar se ela foi produzida pelo entendimento do qual ela é o objeto,[43] se ela deriva ou não da probabilidade.[44] A resposta a essa última questão será ainda

---

[37] *Tr.*, 436 [368].

[38] *Tr.*, 141 [97].

[39] *Tr.*, 142 [98].

[40] *Tr.*, 205 [157].

[41] A palavra "entendimento" é mais frequentemente empregada por Hume em referência às relações de objetos. Mas essa não é uma regra absoluta: por exemplo, *Tr.*, 252 [199].

[42] *Tr.*, 157 [111-2].

[43] *Tr.*, 163-4 [117-8].

[44] *Tr.*, 164 [118].

negativa; mas os argumentos que fundam essa nova negação nos levam, ao mesmo tempo, a compreender a diferença entre as duas dimensões da razão.

O princípio, do qual a relação causal é efeito, tem uma formação progressiva. *Não é sozinha que a natureza humana produz aqui seu efeito.*

"Quem pode dar a razão última pela qual é a experiência passada e a observação que produzem esse efeito e não que a natureza o tenha produzido sozinha?"⁴⁵

A natureza humana passa pelo desvio de uma observação da Natureza, de uma experiência da Natureza. Aí está o essencial, segundo Hume.

"Dado que o hábito, que produz a associação *de ideias em face de uma impressão presente*, nasce da conjunção frequente dos objetos, ele deve chegar por graus ao seu ponto de *reflexão* e deve adquirir uma nova força a cada caso que cai sob nossa observação."*

---

⁴⁵ *Tr.*, 266 [212].

* Grifei o trecho: "de ideias em face de uma impressão presente" ("d'idées à une impression présente"), assim como o termo "reflexão" ("réflexion"), pois o segmento grifado está ausente da frase de Hume, que, além disso, em vez de "reflexão", emprega a palavra "perfeição" ("perfection"), o mesmo acontecendo com a tradução francesa de André Leroy (*Tr.*, 212), justamente a tradução utilizada por Deleuze. A frase original de Hume é a seguinte: "As the habit, which produces the association, arises from the frequent conjunction of objects, it must arrive at its perfection by degrees, and must acquire new force from each instance, that falls under our observation" ("Dado que o hábito, que produz a associação, provém da frequente conjunção de objetos, ele deve chegar por graus à sua perfeição e deve adquirir nova força a cada caso que cai sob nossa observação"). Cf. Hume, *A Treatise of Human Nature* (1739-40), ed. Selby-Bigge, 1955, I, III, XII, par. 2, p. 130. Note-se que Deleuze empregará o termo "perfeição" na próxima segunda nota, ao transcrever frase da p. 214 da tradução francesa e que, na p. 130 do original de Hume, aparece logo após a frase acima transcrita. (N. do T.)

[62] É justamente aí que se pode ver por que a causalidade não deriva da probabilidade.[46] Com efeito, deve-se designar como uma probabilidade cada grau determinado do hábito,[47] mas sem esquecer que se supõe o hábito como princípio da probabilidade, pois, à vista de um objeto, cada grau é tão somente a presunção da existência de um outro objeto, análogo àquele que acompanha *habitualmente* o primeiro.[48] O paradoxo do hábito está em formar-se ele por graus e ser, ao mesmo tempo, princípio da natureza humana.

"O hábito é tão somente um dos princípios da natureza humana e ele tira toda sua força dessa origem."[49]

O hábito de contrair hábitos: é este um princípio. Exatamente, quando considerada em geral, uma formação progressiva é um princípio. No empirismo de Hume, a gênese é sempre compreendida a partir de princípios e como um princípio. Derivar a causalidade da probabilidade é confundir essa formação progressiva de um princípio, do qual a razão depende, com o progresso de um raciocínio. Com efeito, a razão experimental nasce do hábito, não o inverso. O hábito é a raiz da razão, o princípio do qual ela é o efeito.[50]

Mas em seu outro uso, relativo às relações de ideias, a razão é imediatamente determinada pelos princípios correspondentes, sem formação progressiva e unicamente sob o efeito da natureza humana. Donde os famosos textos sobre a matemática.[51] Do mesmo modo, a definição das relações de ideias, "aquelas que dependem inteiramente das *[63]* ideias que comparamos entre si", *não significa que a associação seja aqui, mais do que em outra parte, uma qualidade das pró-*

---

[46] *Tr.*, 212 [163-4]. *Tr.*, 164-5 [118-9].

[47] *Tr.*, 214 [163-4]: "Antes de atingir o ponto de perfeição", nosso julgamento "passa por vários graus inferiores e, em todos esses graus, deve ele ser estimado apenas como uma presunção ou uma probabilidade".

[48] *Tr.*, 164 [118].

[49] *Tr.*, 266 [226]. *EEH*, 89.

[50] *Tr.*, 266 [212].

[51] *EEH*, 70.

prias ideias, nem que a matemática seja um sistema de juízos analíticos. As relações, sejam de ideias ou de objetos, são sempre exteriores aos seus termos. Mas Hume quer dizer o seguinte: o que produz as relações de ideias no espírito são princípios da natureza humana que atuam "por si sós" sobre as ideias, contrariamente ao que sucede por diferentes motivos nas três relações de objetos, nas quais a própria observação da Natureza atua como princípio. Portanto, à lógica da matemática, da qual falaremos mais tarde, dever-se-á justapor uma lógica da física ou da existência, a que só regras gerais poderão satisfazer efetivamente.[52] *Do ponto de vista da relação*, somente a física é o objeto de um esquematismo.[53]

Dizer que um princípio da natureza, neste caso o hábito, é formado progressivamente, é dizer, em primeiro lugar, que a própria experiência é um princípio da natureza.

> "A experiência é um princípio que me instrui sobre as diversas conjunções dos objetos no passado. O hábito é *um outro princípio*, princípio que me determina a aguardar o mesmo no futuro: os dois se unem para agir sobre a imaginação."[54]

Salientamos, em segundo lugar, que o hábito é um *princípio distinto* da experiência, ao mesmo tempo em que ele a supõe. Com efeito, aquilo de que contraio o hábito jamais explicará justamente que eu contraio um hábito; por si mesma, uma repetição jamais formará uma progressão. A experiência nos faz observar conjunções particulares *[64]*. Sua essência é a repetição de casos semelhantes. Seu efeito é a causalidade como relação filosófica: a imaginação devém um entendimento. Porém, isso não nos diz como esse entendimento pode fazer

---

[52] *Tr.*, 260-2 [206-9].

[53] Todavia, há um esquematismo da matemática. A ideia de triângulo, a ideia de um número elevado não é uma ideia adequada, mas o *poder* de produzir uma ideia: cf. *Tr.*, 87 [45], 89 [47]. Mas não estudamos agora este esquematismo, porque ele não é pertinente ao ponto de vista da relação, mas ao ponto de vista da ideia geral.

[54] *Tr.*, 357 [297] (sublinhado por Gilles Deleuze).

uma inferência e *raciocinar* sobre as causas e sobre os efeitos. O conteúdo verdadeiro da causalidade, a palavra sempre, não é constituível na experiência, pois, em certo sentido, ele constitui a experiência.[55] Não é um raciocínio que torna o raciocínio possível; o raciocínio não é imediatamente dado no entendimento. É preciso que o entendimento receba de um outro princípio que não a experiência a faculdade de tirar conclusões da própria experiência, de ultrapassar a experiência e de inferir. Uma repetição não é por si mesma uma progressão, ela nada forma. A repetição de casos semelhantes não nos faz avançar, pois o segundo caso só difere do primeiro por vir após, sem descobrir uma ideia nova.[56] O hábito não é uma mecânica da quantidade.

"Se as ideias não estivessem unidas na imaginação tanto quanto os objetos parecem estar para o entendimento, nunca poderíamos ter efetuado uma inferência das causas a partir dos efeitos e nem acreditar em dado algum dos sentidos."[57]

Eis por que o hábito aparece como outro princípio, ou a causalidade como relação natural, como associação de ideias.[58] O efeito desse outro princípio é o seguinte: a imaginação devém uma crença,[59] porque ocorre uma transição da impressão de um objeto à ideia de um outro. Configura-se assim uma dupla implicação. *[65]* De um lado, o hábito permite ao entendimento raciocinar sobre a experiência; faz da crença um ato possível do entendimento.

"O entendimento", diz Hume, "como a memória e os

---

[55] *EEH*, 84: "É impossível, portanto, que algum argumento tirado da experiência possa encontrar essa semelhança entre o passado e o futuro, pois todos os argumentos se fundam na suposição dessa semelhança".

[56] *Tr.*, 162 [117].

[57] *Tr.*, 167 [121].

[58] *Tr.*, 168 [122].

[59] *Tr.*, 180 [133]. Cf. *Tr.*, 192 [144]: "A crença é um ato do espírito que nasce do costume"; 185 [137]: "A crença nasce apenas da causalidade".

sentidos, está fundado na imaginação, na vivacidade de nossas ideias."[60]

Por outro lado, o hábito supõe a experiência: os objetos se unem na imaginação, mas uma vez descoberta a conjunção dos objetos. Ou ainda: o hábito é a própria experiência, uma vez que esta produz a ideia de um objeto por meio da imaginação, não por meio do entendimento.[61] A repetição devém uma progressão, e mesmo uma produção, quando se deixa de considerá-la relativamente aos objetos que ela repete, nos quais ela nada muda, nada descobre e nada produz, para, ao contrário, considerá-la no espírito que a contempla e no qual ela produz uma nova impressão,

"uma determinação a levar nossos pensamentos de um objeto a outro",[62] "a transferir o passado ao porvir",[63]

uma espera, uma tendência. A experiência e o hábito ainda subsistem como dois princípios diferentes, como a apresentação dos casos de conjunção constante à observação do espírito e como a união dos mesmos casos no espírito que os observa. Nesse sentido, Hume dá sempre da causalidade duas definições conjuntas: união de objetos semelhantes, inferência do espírito de um objeto a outro.[64]

Impõe-se a analogia entre o artifício (mundo moral) e o hábito (mundo do conhecimento). Em seus respectivos mundos, essas duas instâncias estão na origem de regras gerais, ao mesmo tempo extensivas [66] e corretivas. Mas não é da mesma maneira que elas operam. No sistema da moral, a condição das regras era a reflexão dos princípios da natureza em geral na imaginação. Agora, no sistema do conhecimento, sua condição está no caráter muito particular de um princípio, particular não só porque ele supõe a experiência (ou algo equi-

---

[60] *Tr.*, 358 [298].

[61] *Tr.*, 163 [117-8].

[62] *Tr.*, 251 [198].

[63] *Tr.*, 217 [167].

[64] *Tr.*, 256, 259 [202-3, 205].

valente), mas ainda porque ele deve ser formado. Dir-se-á, entretanto, que tal formação tem naturalmente suas leis, que vão definir o exercício legítimo de um entendimento que raciocina. Vimos que a formação do princípio é o princípio de uma formação. A crença, diz Hume, é um efeito dos princípios de uma natureza prudente.[65] Por definição, a ideia na qual cremos é aquela que está associada a uma impressão presente, aquela que assim fixa a imaginação, aquela à qual a impressão comunica sua vivacidade; e essa comunicação é sem dúvida reforçada pela semelhança e pela contiguidade,[66] mas, essencialmente, ela encontra sua lei na causalidade, no hábito e portanto, enfim, na repetição dos casos de conjunção constante entre dois objetos, casos observados na experiência. Porém, é justamente aí que se encontra a dificuldade. *O próprio hábito é um princípio distinto da experiência, e a unidade da experiência e do hábito não é dada.* Por si mesmo, o hábito pode fingir, invocar uma falsa experiência, e pode produzir a crença "mediante uma repetição que não procede da experiência".[67]

Será uma crença ilegítima, *uma ficção da imaginação*. "A imaginação habitual de uma dependência tem o mesmo efeito que teria a observação habitual dessa dependência."[68] Assim, a imaginação não se deixará fixar pelo princípio do hábito sem servir-se ao mesmo tempo dele para fazer passar suas próprias fantasias, para ultrapassar sua fixação, para transbordar a experiência.

> *[67]* "Por sua ação, esse hábito não só se aproxima da ação que nasce da união constante e inseparável das causas e dos efeitos, mas ainda triunfa sobre esta em inúmeras ocasiões."[69]

As crenças assim produzidas, ilegítimas do ponto de vista de um exercício rigoroso do entendimento, mas todavia inevitáveis, formam

[65] *Tr.*, 197-8 [150].
[66] *Tr.*, 188 [140-1].
[67] *Tr.*, 224 [173].
[68] *Tr.*, 312 [255].
[69] *Tr.*, 194 [146-7].

o conjunto das regras gerais extensivas e transbordantes que Hume denomina *probabilidade não-filosófica*. "Um irlandês não pode ser espirituoso; um francês não pode ter solidez." Portanto, apesar das primeiras aparências, o entendimento não pode contar com a natureza para que as leis de seu exercício legítimo sejam imediatamente determinadas. Estas só poderão ser o produto de uma correção, de uma reflexão: donde a segunda série das regras gerais. Somente na medida em que o entendimento, mediante uma nova operação, se encarrega do ato da crença, mantendo esse ato e seu princípio nos limites da experiência passada, é que as condições legítimas da própria crença serão reconhecidas e aplicadas, formando as regras da *probabilidade filosófica* ou do cálculo das probabilidades. (Nesse sentido, se as regras extensivas da paixão, no mundo moral, devem ser corrigidas depois de terem sido, todavia, determinadas pelos princípios de associação, isso não ocorre apenas porque em tal caso tais princípios sejam invocados pela fantasia, que os faz atuar em outro plano que não o deles, mas também porque a causalidade, por si mesma e no plano que lhe é próprio, já fez um uso fantasista, extensivo. Se o entendimento *pode* corrigir as regras extensivas da paixão e se interrogar sobre a natureza da moral, é porque ele *deve*, primeiramente, corrigir a extensão do próprio conhecimento.)

As crenças ilegítimas, as repetições que não procedem da experiência, as probabilidades não-filosóficas, têm duas fontes: a linguagem e a fantasia. *São causalidades fictícias*. A linguagem *[68]* produz por si mesma uma crença ao substituir a repetição observada por uma repetição falada, por substituir a impressão do objeto presente pela audição de uma palavra determinada que nos faz conceber vivamente a ideia.

> "Temos uma notável propensão a crer em tudo que nos é contado, mesmo a respeito de aparições, de encantamentos e de prodígios, seja qual for a oposição disso tudo à experiência cotidiana e à observação."[70]

O filósofo, à força de falar de faculdades e de qualidades ocultas, acaba por acreditar que tais palavras "têm um sentido oculto que

---

[70] *Tr.*, 191 [143].

podemos descobrir por reflexão".[71] O mentiroso, à força de repeti-las, acaba por acreditar em suas mentiras.[72] Não só a credulidade se explica assim pelo poder das palavras, mas também a educação,[73] a eloquência e a poesia.[74]

"Acostumaram-nos tanto com os nomes de Marte, Júpiter, Vênus que [...] a constante repetição dessas ideias as faz penetrar facilmente no espírito e triunfar sobre a imaginação [...] Os diversos incidentes de uma peça adquirem uma espécie de relação por sua união em um poema ou em uma representação [...] e a vivacidade que a imaginação produz é maior em inúmeros casos do que aquela engendrada pelo costume e pela experiência."[75]

Em suma, as palavras produzem um "simulacro de crença",[76] uma "contrafação",[77] o que torna filosoficamente necessária a mais severa crítica da linguagem. A fantasia, por outro lado, nos leva a confundir o essencial e o acidental. A contrafação das crenças, com efeito, depende sempre de um caráter acidental: ela depende, não [69] das relações de objetos, "mas sim do equilíbrio atual e das disposições da pessoa".[78] A fantasia interpreta, como sendo repetição de um objeto na experiência, o aparecimento de circunstâncias apenas acidentais que acompanham tal objeto.[79] Assim, no caso de um homem tomado de vertigem:

[71] *Tr.*, 314 [257].
[72] *Tr.*, 195 [147].
[73] *Tr.*, 194 [146].
[74] *Tr.*, 199 [151].
[75] *Tr.*, 200-1 [152-3].
[76] *Tr.*, 202 [154].
[77] *Tr.*, 204 [156].
[78] *Tr.*, 202 [154].
[79] *Tr.*, 232 [181].

"as circunstâncias de profundidade e de descida atacam-no tão fortemente que a influência delas não pode ser destruída pelas circunstâncias contrárias de suporte e de solidez que devem dar a ele uma segurança perfeita."[80]

Portanto, no sistema do entendimento como no sistema da moral, a imaginação é essencialmente transbordante. Porém, vemos a diferença. O que se encontrará no transbordamento do conhecimento não será a positividade da arte, mas somente a negatividade do erro e da mentira. Eis por que a correção não será mais a instauração de um rigor qualitativo, mas a denúncia do erro mediante o cálculo das quantidades. No mundo do conhecimento, as regras extensivas já não são, no caso do entendimento, o reverso de uma reflexão *dos* princípios na imaginação; elas só traduzem a impossibilidade de uma reflexão preventiva que se apoie *sobre* o princípio.

"Quando temos o costume de ver um objeto unido a um outro, nossa imaginação passa do primeiro ao segundo mediante uma transição natural que precede a reflexão e que esta não pode prevenir."[81]

A imaginação não crê sem falsificar a crença ao confundir o acidental com o geral. O hábito é um princípio que não invoca a experiência sem falsificá-la, sem invocar ao mesmo tempo repetições fictícias. Donde a necessidade de uma reflexão ulterior, que só pode apresentar-se como uma correção, uma subtração, *[70]* uma segunda espécie de regras, como um critério de distinção quantificada do geral e do acidental:

"Essas regras são formadas conforme a natureza do nosso entendimento e conforme a experiência que temos de suas operações nos juízos que formamos dos objetos."[82]

---

[80] *Tr.*, 233 [181-2].
[81] *Tr.*, 231 [180].
[82] *Tr.*, 233 [182].

Manter a crença nos limites do entendimento, assegurar a conformidade do hábito com a experiência, é esse o objeto da probabilidade filosófica ou do cálculo das probabilidades; é esse o meio de dissipar as ficções e os preconceitos. Em outros termos, para ser absolutamente legítimo, o raciocínio deve nascer do hábito, "não *diretamente*, mas *obliquamente*".[83] Sem dúvida, é próprio da crença, da inferência e do raciocínio ultrapassar a experiência, transferir o passado ao futuro; é preciso ainda que o objeto da crença seja determinado de acordo com uma experiência passada. A experiência é *partes extra partes*, os objetos são separados no entendimento:

"Quando transferimos o passado ao futuro, o conhecido ao desconhecido, cada experiência passada tem o mesmo peso, e somente um número maior de experiências é que pode levar a balança a pender para um lado."[84]

É preciso determinar o número das experiências passadas, a oposição das partes entre si e seu acordo quantitativo. Se crer é um ato da imaginação, nesse sentido as imagens concordantes apresentadas pelo entendimento, as partes concordantes da natureza, se fundem em uma só e mesma ideia na *imaginação*; mas é preciso ainda, ao mesmo tempo, que essa ideia encontre seu conteúdo e a medida de sua vivacidade nas partes semelhantes, as mais numerosas, que o *entendimento* nos apresenta separadamente.[85]

[71] Confirma-se, assim, a necessidade de uma crítica das regras pelas regras. A dificuldade está em que os dois tipos de regras, extensivas e corretivas, probabilidade não-filosófica e probabilidade filosófica, conquanto "sejam de algum modo estabelecidas em oposição umas às outras",[86] não deixam de ser o efeito de um mesmo princípio, o hábito. Elas têm uma mesma origem.

---

[83] *Tr.*, 217 [166].
[84] *Tr.*, 219 [169].
[85] *Tr.*, 224 [174].
[86] *Tr.*, 234 [183].

"A observação das regras gerais é uma espécie de probabilidade muito pouco filosófica; todavia, é somente observando-as que podemos corrigir todas as probabilidades não-filosóficas."[87]

Contudo, dado que o hábito, em si mesmo e por si mesmo, não está submetido à repetição de casos observados na experiência, pois que outras repetições também o formam, sua adequação com a experiência é um resultado científico a ser obtido, é o objeto de uma tarefa a ser cumprida. Essa tarefa é cumprida quando o ato da crença recai exclusivamente sobre um objeto determinado em conformidade com a natureza do entendimento, em conformidade com as repetições observadas na experiência.[88] E essa determinação constitui o sentido das regras corretivas; tais regras reconhecem a causalidade no detalhe da natureza, "permitem-nos saber quando os objetos são realmente causas ou efeitos"[89] e, assim, denunciam as crenças ilegítimas.[90] Em suma, o hábito tem sobre a imaginação e sobre o julgamento efeitos opostos: extensão, correção da extensão.[91]

---

[87] *Tr.*, 234-5 [183].

[88] *Tr.*, 234 [183].

[89] *Tr.*, 260 [207].

[90] *Tr.*, 203 [155]: "A grande diferença que se experimenta ao sentir (um entusiasmo poético e uma convicção séria) provém em certa medida da reflexão e das regras gerais. Observamos que o vigor de concepção que as ficções recebem da poesia ou da eloquência é um caráter puramente acidental".

[91] *Tr.*, 232 [181].

O poder da imaginação na moral e no conhecimento

4.
DEUS E O MUNDO
[72]

Se procuramos um exemplo no qual estejam reunidas todas as significações que atribuímos sucessivamente às regras gerais, nós o encontraremos na religião. Distinguem-se quatro espécies de regras: regras extensivas e corretivas da paixão, regras extensivas e corretivas do conhecimento. Ora, a religião participa ao mesmo tempo do conhecimento e da paixão. O sentimento religioso, com efeito, tem dois polos: o politeísmo e o teísmo. E as duas fontes correspondentes são as qualidades da paixão, de um lado, e os modos de associação, de outro.[1] O teísmo tem sua fonte na unidade do espetáculo da Natureza, unidade que somente a semelhança e a causalidade podem assegurar nos fenômenos; e o politeísmo tem sua fonte na diversidade das paixões, na irredutibilidade das paixões sucessivas.

Em cada um desses casos, a religião se apresenta em seguida como um sistema de regras extensivas. De um lado, se o sentimento religioso encontra sua fonte na paixão, ele próprio não é uma paixão. Ele não é um instinto, diz Hume, uma impressão primitiva da natureza; o sentimento religioso não é naturalmente determinado, como o são o amor-próprio ou a sexualidade; para a história, ele é um objeto de estudo.[2] Os deuses do politeísmo são o eco, a extensão, *[73]* a reflexão das paixões; seu céu é apenas nossa imaginação. Nesse sentido, reencontramos o caráter da regra extensiva: o sentimento religioso confunde o acidental com o essencial. Sua origem está nos acontecimentos da vida humana, na diversidade e contradição que neles encontramos, na sucessão de felicidades e desgraças, de esperanças e

---

[1] David Hume, *Histoire naturelle de la religion*, pp. 5-7. [*The Natural History of Religion*, texto I de *Four Dissertations*, 1757. Doravante *HNR*, seguido da paginação da tradução francesa.]

[2] *HNR*, 2.

temores.[3] O sentimento religioso desperta com os encontros estranhos que temos no mundo sensível, com as circunstâncias excepcionais e fantásticas, com os fenômenos desconhecidos que, por serem desconhecidos, tomamos por essências.[4] Esta confusão define a superstição, a idolatria.

> "Nas religiões populares, a crueldade e o *capricho*, qualquer que seja o nome sob o qual são disfarçados, formam sempre o caráter dominante da divindade."[5]

O idólatra é o homem das "vidas artificiais",[6] aquele que faz do extraordinário uma essência, aquele que busca "um serviço imediato do Ser Supremo". É o místico, ou o fanático, ou o supersticioso. Almas como essas se lançam de bom grado em empreendimentos criminosos, pois seu ponto comum é que não lhes bastam os atos morais. Aliás, é essa a tristeza da moralidade: a moralidade não é pitoresca, o vício é prestigioso:

> "Os homens temem sempre passar por boas naturezas, de medo que essa qualidade seja tomada como falta de inteligência; é frequente vangloriarem-se de mais perversões do que aquelas realmente cometidas por eles."[7]

Mas, por outro lado, no outro polo, o teísmo é também um sistema de regras extensivas. Nesse caso, a extensão diz respeito ao conhecimento. *[74]* Também nesse sentido, a religião é um transbordamento da imaginação, uma ficção, um simulacro de crença. Ela invoca uma repetição falada, uma tradição oral ou escrita. Os sacerdotes falam; os milagres repousam sobre o testemunho humano[8] e não ma-

---

[3] *HNR*, 10.
[4] *HNR*, 29.
[5] *HNR*, 88.
[6] *Un dialogue*.
[7] *Tr.*, 734 [646-7].
[8] *EPM*, 158.

nifestam imediatamente uma realidade, mas valem-se tão somente da conformidade que estamos habituados a encontrar em geral entre o testemunho e a realidade. Além disso, nas provas da existência de Deus fundadas na *analogia*, analogia de uma máquina e do mundo, a religião confunde o geral e o acidente: ela não vê que o mundo tem apenas uma semelhança extremamente longínqua com as máquinas, que ele se assemelha a elas unicamente por circunstâncias as mais acidentais.[9] Por que tomar como base da analogia a atividade técnica do homem e não outro modo de operação nem mais nem menos parcial, como a geração, por exemplo, ou a vegetação?[10] Finalmente, nas provas fundadas na *causalidade*, a religião ultrapassa os limites da experiência. Ela pretende provar a existência de Deus pelo seu efeito: o mundo ou a Natureza. Porém, ora ela começa, como Cleantes,[11] por enaltecer desmesuradamente o efeito, negando totalmente a desordem, a presença e a intensidade do mal, e constituindo Deus como causa adequada de um mundo arbitrariamente embelezado; ora, como Demea,[12] ela começa por conceder mais à causa e por estabelecer um Deus desproporcionado para, em seguida, redescender ao mundo e suprir a inadequação, invocando efeitos incomuns, dentre os quais o principal é a vida futura. Assim, a religião pratica um falso uso do princípio de causalidade. Mais ainda: na religião, há tão somente um uso ilegítimo e fictício da causalidade.

> [75] "Só poderíamos inferir um objeto de outro após ter observado uma ligação constante entre suas espécies; e se um efeito inteiramente único se nos mostrasse, e que não pudesse ser compreendido sob alguma espécie conhecida, não vejo como poderíamos formar indução ou conjectura alguma sobre sua causa."[13]

---

[9] *Dialogues*, 207, 241.

[10] *Dialogues*, 247. "Por que um sistema ordenado não pode ser tecido como ventre tanto quanto como cérebro?"

[11] *Dialogues*, X, 270 sobretudo.

[12] *Dialogues*, 269.

[13] *EEH*, 203.

Em outras palavras, só há objeto físico e de repetição no mundo. O mundo, como tal, é essencialmente o Único. É uma ficção da imaginação; nunca é um objeto do entendimento; as cosmologias são sempre fantasistas. Assim, em Hume, mas de maneira distinta da de Kant, a teoria da causalidade tem dois níveis: a determinação das condições de um exercício legítimo relativamente à experiência, e a crítica do exercício ilegítimo fora da experiência.

A religião, portanto, é um duplo sistema de regras extensivas. Mas como será ela corrigida? Vê-se bem que sua situação, tanto no conhecimento quanto na cultura, é muito particular. Sem dúvida, a correção existe. No mundo do conhecimento, o milagre lhe é submetido: a evidência obtida do testemunho, dado que este apela a uma experiência, devém por isso mesmo uma probabilidade a ser introduzida em um cálculo como um dos termos de uma subtração que tem, como outro termo, a evidência contrária.[14] E na cultura ou no mundo moral, as regras corretivas, em vez de confundir a exceção, a reconhecem e a compreendem, fazendo uma teoria da experiência na qual todos os casos possíveis encontram uma regra de inteligibilidade e se alinham sob um estatuto do entendimento. Em um ensaio, Hume analisa um exemplo dessa teoria da exceção: o suicídio não é uma transgressão de nossos deveres para com Deus, nem de nossos deveres para com a sociedade. O suicídio é um poder do homem, "não mais ímpio que o de construir casas", e que deve ser utilizado *[76]* em circunstâncias excepcionais.[15] A exceção devém um objeto da Natureza.

> "Aquele que se mata não faz uma afronta à natureza ou, se se quer, ao seu autor. Ele segue o impulso dessa natureza, tomando a única via que ela lhe deixa para sair de seus sofrimentos; [...] morrendo, cumprimos um de seus decretos."[16]

Mas a questão é a seguinte: na correção da religião, o que é que subsiste da própria religião? Nos dois casos, a correção parece ser uma

---

[14] *EEH*, 163.
[15] *Essai sur le suicide.*
[16] *Essai sur le suicide.*

crítica total; ela nada deixa subsistir. Nada subsiste do milagre; ele desaparece na subtração desproporcionada. As figuras da extensão que havíamos estudado anteriormente, a justiça, o governo, o comércio, a arte, os costumes, mesmo a liberdade, tinham uma positividade própria, que as correções vinham confirmar, reforçar: elas formavam o mundo da cultura. Ora, Hume, ao contrário, parece excluir da cultura a própria religião e tudo o que lhe diz respeito. Não é no mesmo sentido que algumas palavras consagram um objeto, no caso da religião, e que algumas palavras, no social e no direito, formam uma promessa que muda a natureza das ações relativas a tal outro objeto.[17] A filosofia culmina aqui em uma luta prática contra a superstição. E, no outro polo, as regras corretivas, que tornam possível um conhecimento verdadeiro, dando-lhe critérios e leis de exercício, não agem sem expulsar do domínio assim definido todo uso fictício da causalidade, a começar pela religião. Em suma, parece que a religião, na extensão, só guardou frivolidade e perdeu toda seriedade. E se compreende por quê. A religião é a extensão da paixão, a reflexão das paixões na imaginação. Mas, com ela, as paixões não se refletem em uma imaginação fixada pelos princípios de associação, fixação essa que faz com que o sério seja *[77]* possível. Há religião quando as paixões, contrariamente a isso, se refletem na imaginação pura, na fantasia apenas. Por que isto? Porque, por si mesma e em seu outro aspecto, a religião é *somente* o uso fantasista dos princípios de associação, semelhança e causalidade.

Logo, nada subsiste da religião? Mas como explicar, então, a reviravolta final do *Ensaio sobre a imortalidade da alma* e do *Ensaio sobre os milagres*? Crer nos milagres é uma crença falsa, mas também um verdadeiro milagre.

> "Todo aquele que está movido pela fé é consciente de um milagre contínuo em sua própria pessoa, que transtorna todos os princípios de seu entendimento e lhe dá uma determinação para crer no que há de mais contrário ao costume e à experiência."[18]

---

[17] *EPM*, 54.
[18] *EPM*, 185.

Invocar-se-á a ironia de Hume e suas necessárias precauções. Contudo, uma tese como essa, por mais justa que seja, não explicará o conteúdo propriamente filosófico dos textos dos *Diálogos*. De fato, a religião se justifica, mas em sua situação muito especial, fora da cultura, fora do conhecimento verdadeiro. Vimos que a filosofia nada tem a dizer sobre a causa dos princípios, sobre a origem do poder destes. Aí está o lugar de Deus. Não podemos servir-nos dos princípios de associação para conhecer o mundo como um efeito da atividade divina, menos ainda para conhecer Deus como a causa do mundo, mas sempre podemos pensar Deus negativamente, como a causa dos princípios. É nesse sentido que o teísmo é válido. É nesse sentido que a finalidade se reintroduz. Ela será pensada, não conhecida, *como o acordo original dos princípios da natureza humana com a própria Natureza*.

"Eis, portanto, uma espécie de harmonia preestabelecida entre o curso da natureza e a sucessão de nossas ideias."[19]

[78] *Assim, a finalidade nos dá em um postulado a unidade original da origem e da qualificação*. A Ideia de Deus, como acordo original, é o pensamento de algo em geral; para o conhecimento, ela só pode receber um conteúdo mutilando-se, identificando-se a tal ou qual modo de aparição que a experiência nos manifeste, determinando-se mediante uma analogia necessariamente parcial.

"Neste pequeno recanto do mundo, apenas, há quatro princípios: razão, instinto, geração e vegetação",

podendo cada um fornecer-nos um discurso coerente sobre a origem do mundo.[20] Mas, pensada como tal, 'e não conhecida, a origem é

---

[19] *EPM*, 161: "Apesar de nos serem totalmente desconhecidos os poderes e as forças que governam (o curso da natureza), achamos, todavia, que nossos pensamentos e nossas concepções continuaram sempre no mesmo rumo das outras obras da natureza".

[20] *Dialogues*, 244.

tudo isso ao mesmo tempo, tanto matéria e vida quanto espírito: ela é indiferente a todas as oposições, para além do bem e do mal.[21] Cada uma das visões que se incide sobre ela tem apenas a função de fazer-nos ultrapassar as outras visões, igualmente possíveis, lembrando-nos que se trata de analogias sempre parciais. Sob certos aspectos, a finalidade é até mesmo um impulso vital, mais do que o projeto, o desígnio de uma inteligência infinita.[22] Objetar-se-á que toda ordem procede de um desígnio; mas isso é supor resolvido o problema,[23] é reduzir toda finalidade a uma intenção e esquecer que a razão é tão somente um modo de operação entre os outros.

"Por que um sistema ordenado não pode ser tecido como ventre tanto quanto como cérebro?"[24]

Nessa nova situação, o que é que a Ideia de Mundo devém? É ela sempre uma simples ficção da fantasia?

[79] Já vimos dois usos fictícios do princípio de causalidade. O primeiro se define por repetições que não procedem da experiência; o segundo, por um objeto particular que não pode repetir-se, que, propriamente falando, não é um objeto, o Mundo. Ora, segundo Hume, há uma terceira causalidade fictícia ou transbordante. Ela se manifesta na crença na existência distinta e contínua dos corpos. De um lado, se atribuímos aos objetos *uma existência contínua*, é em virtude de uma espécie de raciocínio causal que tem por base a coerência de certas impressões;[25] apesar da descontinuidade de minha percepção, admito

"a existência contínua de objetos para ligar suas aparições passadas e presentes e uni-las umas às outras da maneira

---

[21] *Dialogues*, 283.
[22] *Dialogues*, VII.
[23] *Dialogues*, 243-5.
[24] *Dialogues*, 247.
[25] *Tr.*, 283 [228].

pela qual a experiência as tenha revelado a mim, em conformidade com suas naturezas e suas circunstâncias particulares."[26]

Assim, resolve-se a contradição que haveria entre a conjunção de dois objetos na experiência corrente e a aparição de um dos objetos em minha percepção sem que apareça ao mesmo tempo o seu par.[27] Porém, ela só se resolve graças a uma ficção da imaginação: a inferência é aqui fictícia, o raciocínio causal é extensivo, ultrapassa os princípios que determinam as condições do seu exercício legítimo em geral e que o mantém nos limites do entendimento. Com efeito, confiro ao objeto mais coerência e regularidade do que as que observo em minha percepção.

"Mas, uma vez que todo raciocínio sobre questões de fato nasce apenas do costume, e dado que o costume só pode resultar de percepções *[80]* repetidas, a extensão do costume e do raciocínio para além das percepções jamais pode ser o efeito direto e natural da repetição e da conexão constantes."[28]

De outra parte, a *existência distinta* é, por sua vez, um falso uso da causalidade, uma causalidade fictícia e contraditória. Com efeito, afirmamos uma conexão causal entre o objeto e a percepção, mas jamais apreendemos o objeto independentemente da percepção que dele temos. Esquecemos que a causalidade se legitima exclusivamente quando a experiência passada nos mostra a conjunção constante de *duas* existências.[29] Em resumo, continuidade e distinção são, imedia-

---

[26] *Tr.*, 285 [230].

[27] *Tr.*, 285 [229]: "Estou acostumado a ouvir um certo ruído e a ver, ao mesmo tempo, um certo objeto em movimento. Neste caso particular, não recebi essas duas percepções. Essas observações se opõem, a não ser que eu admita que a porta tenha sempre existido e que ela foi aberta sem que eu tenha percebido".

[28] *Tr.*, 286 [231].

[29] *Tr.*, 301 [245].

tamente, ficções, ilusões da imaginação, pois elas concernem e designam aquilo de que não há, por definição, experiência possível, nem para os sentidos e nem para o entendimento.

Tudo isso ainda parece fazer da crença na existência contínua e distinta um caso particular de regra extensiva. À primeira vista, são paralelos os textos concernentes, respectivamente, à constituição dessa crença e à formação das regras. A imaginação se serve sempre dos princípios que a fixam, o de contiguidade, semelhança e causalidade, para ultrapassar seus limites, para estender esses princípios para além das condições do seu exercício.[30] Assim, a coerência das mudanças leva a imaginação a fingir mais coerência ainda, admitindo uma existência contínua.[31] A constância e a semelhança das aparições leva a imaginação a atribuir a identidade de um objeto invariável a essas aparições semelhantes e, depois, a fingir ainda uma existência contínua para transpor a oposição que, então, se encontra entre a identidade das percepções semelhantes e a descontinuidade das [81] aparições.[32] Acontece que esse paralelismo entre a crença e a regra é apenas aparente. Os dois problemas se completam, mas são muito diferentes. Contrariamente às regras extensivas, a ficção de uma continuidade não se corrige, não pode e nem deve ser corrigida. Portanto, ela mantém com a reflexão outras conexões. Além disso, com referência à imaginação, sua origem é totalmente distinta daquela das regras gerais. Comecemos pelo segundo ponto.

Duas características distinguem as regras extensivas e a crença na existência dos corpos. Primeiramente, o objeto das regras extensivas do conhecimento é uma determinação particular, à qual a imaginação confere o valor de lei, ao obter dos princípios que fixam a si própria a força de estender-se para além deles e ao invocar uma pretensa experiência, isto é, ao apresentar ao entendimento, como sendo objeto concernente a ele, um simples conteúdo das fantasias. A imagina-

---

[30] *Tr.*, 347 [288]: "Os objetos variáveis ou interrompidos, apesar de serem tidos como continuando a ser os mesmos, são apenas aqueles que se compõem de partes sucessivas ligadas em conjunto por semelhança, contiguidade ou causalidade".

[31] *Tr.*, 287 [231].

[32] *Tr.*, 294 [238].

ção oferece ao entendimento, como sendo uma experiência geral elaborada, o conteúdo puramente acidental de uma experiência que somente os sentidos fizeram ao acaso dos encontros. Ao contrário disso, a existência contínua e distinta não é apresentada pela imaginação ao entendimento como o objeto de uma experiência possível, nem é, em seguida, denunciada pelo entendimento contra a imaginação como o objeto de uma falsa experiência. Essa existência é, imediatamente, tanto a respeito dos sentidos quanto a respeito do entendimento, aquilo de que não se tem a experiência. Ela não é um objeto particular, ela é o caráter do Mundo em geral. Ela não é um objeto, mas o horizonte que todo objeto supõe. (Sem dúvida já era esse o caso da crença religiosa. Mas, justamente, mais do que uma regra extensiva, essa crença religiosa nos aparece agora como um tipo de composto das regras e da crença na existência dos corpos. Se ela participa das regras, é porque trata o mundo como um objeto particular, é porque invoca uma experiência dos sentidos e do entendimento.) — Em segundo lugar, com a crença *[82]* na existência dos corpos, *a ficção devém um princípio da natureza humana*. Aí está o ponto mais importante. Com efeito, todo o sentido dos princípios da natureza humana está em transformar a *coleção* das ideias que constituem o espírito em um *sistema*, sistema do saber e dos objetos do saber. Contudo, para que haja sistema, não basta que as ideias estejam associadas no espírito; é preciso ainda que as percepções sejam apreendidas como separadas do espírito, que as impressões sejam de algum modo arrancadas dos sentidos. É preciso darmos ao objeto da ideia uma existência que não depende dos sentidos. É preciso que os objetos do saber sejam verdadeiramente objetos. Para tanto, não bastam os princípios de associação, como tampouco a vivacidade da impressão, como tampouco a simples crença. O sistema está completo quando "uma interrupção na aparição aos sentidos" é ultrapassada

> "pela ficção de um ser contínuo que preenche esses intervalos e conserva para nossas percepções uma perfeita e inteira identidade."[33]

---

[33] *Tr.*, 296 [241].

Em outros termos, o sistema se completa na identidade do sistema e do Mundo. Ora, como vimos, o sistema é o produto dos princípios da natureza, e o mundo (continuidade e distinção) é imediatamente ficção da imaginação. Eis a ficção tornada necessariamente princípio. No caso das regras gerais, a ficção retira sua origem e sua força da imaginação na medida em que esta, para ir mais longe, se serve dos princípios que a fixam. No caso da crença na continuidade, a força da ficção é a de um princípio. *Com o Mundo, a imaginação devém verdadeiramente constituinte e criadora.* O Mundo é uma Ideia. A continuidade é sempre apresentada por Hume, sem dúvida, como um efeito transbordante da causalidade, da semelhança e da contiguidade, como o produto de sua extensão ilegítima.[34] Porém, de fato, contiguidade, semelhança e causalidade *[83]* não intervêm, então, a título de princípios, propriamente falando; elas são tratadas como o caráter de certas impressões, aquelas que, precisamente, serão arrancadas dos sentidos para constituir o mundo.[35] O que é tratado como princípio é a crença na existência de corpos e aquilo de que ela depende.[36]

A crença na existência dos corpos se decompõe em vários momentos: primeiramente, o princípio de identidade, produto da ficção pela qual aplicamos a ideia de tempo a um objeto invariável e contínuo; depois, a confusão pela qual atribuímos a identidade precedente às impressões semelhantes, pois que a transição fácil, efeito da semelhança, se assemelha ao efeito que produz a consideração do objeto idêntico; em seguida, uma nova ficção, a da existência contínua, para ultrapassar a contradição que se manifesta entre a descontinuidade das impressões e a identidade que lhe havíamos atribuído.[37] E isso não é

---

[34] *Tr.*, 347 [288].

[35] *Tr.*, 282 [227]: "Uma vez que todas as impressões são existências internas e perecíveis, e que aparecem como tais, a opinião de sua existência distinta e contínua deve nascer do encontro de *certas qualidades suas* com as qualidades da imaginação; e uma vez que essa opinião não se estende a todas, ela deve nascer de qualidades determinadas próprias de certas impressões". Cf. *Tr.*, 347 [288].

[36] *Tr.*, 275 [220]: o cético "deve aquiescer ao princípio da existência dos corpos [...] a natureza, nesse ponto, não lhe deixou a liberdade de escolher".

[37] *Tr.*, 288 [232].

tudo. Pode parecer estranho que Hume, a algumas páginas de distância, apresente, primeiro como satisfatória, a conciliação que opera a ficção de uma existência contínua[38] e, em seguida, como falsa, ao ponto de necessitar de outras ficções, de outras conciliações.[39] É que, de um lado, a existência contínua se concilia *[84]* muito bem com a descontinuidade das aparições; ela pode, portanto, unir legitimamente as imagens descontínuas e a perfeita identidade que lhe atribuímos. Porém, de outra parte, não deixa de ser falsa essa atribuição de identidade, que o certo é serem nossas percepções realmente interrompidas e que a afirmação de uma existência contínua oculta um uso ilegítimo dos princípios da natureza humana. Mais ainda: *esse uso, ele próprio, é um princípio*. A oposição é a mais interna, está no coração da imaginação. A diferença entre a imaginação e a razão é devinda contradição.

> "A imaginação nos diz que nossas percepções semelhantes têm uma existência contínua e ininterrupta, e que sua ausência não as aniquila. A reflexão nos diz que nossas percepções semelhantes têm uma existência descontínua e que elas diferem umas das outras."[40]

A contradição, diz Hume, se afirma entre a extensão e a reflexão, a imaginação e a razão, os sentidos e o entendimento.[41] Além

---

[38] *Tr.*, 296 [240]: "Podemos observar que aquilo que denominamos espírito é tão somente um amontoado ou uma coleção de percepções diferentes unidas umas às outras por certas relações [*relations*], coleção a respeito da qual admitimos, se bem que erroneamente, que ela possua uma simplicidade e uma identidade perfeitas. Ora, considerando que toda percepção é discernível de outra, e que se pode tomá-la como uma existência separada, segue-se, evidentemente, que não é absurdo separar do espírito uma percepção particular etc.".

[39] *Tr.*, 298 [242]: "tanto quanto a identidade, é realmente falsa" a ficção de uma existência contínua.

[40] *Tr.*, 304 [248].

[41] *Tr.*, 307 [251]: "Não importa em qual sistema, é impossível defender seja nossos sentidos, seja nosso entendimento". O que aqui diz respeito aos sentidos é a própria percepção, à qual se atribui a existência contínua. *Tr.*, 321 [264]: "Há uma oposição direta e total entre nossa razão e nossos sentidos, ou, para falar com

disso, tais expressões não são as melhores, pois elas também convêm às regras gerais. Aliás, Hume diz melhor: entre os *princípios da imaginação e os princípios da razão*.[42] Nos capítulos precedentes, não cessamos de mostrar a oposição da razão e da imaginação, da natureza humana e da fantasia. Vimos sucessivamente: como os princípios da natureza humana fixam a imaginação; depois, como a imaginação se retoma para além dessa fixação; finalmente, como a razão vem corrigir essa retomada. Porém, eis que agora *[85]* a oposição é verdadeiramente devinda contradição: em um derradeiro momento, a imaginação se recupera em um ponto preciso. Esse último momento é também uma primeira vez. Pela primeira vez, a imaginação se opõe *como um princípio*, princípio do Mundo, aos princípios que a fixam e às operações que a corrigem. Por ser a ficção, com o Mundo, colocada no nível dos princípios, os princípios de associação se encontram com a ficção, opõem-se a ela sem poder destruí-la. A mais interna oposição se afirma entre a imaginação constituída e a imaginação constituinte, entre os princípios de associação e a ficção devinda princípio da natureza.

É precisamente porque a ficção, porque a extensão é devinda *princípio*, que ela não pode mais ser compreendida, nem corrigida e menos ainda destruída pela reflexão.[43] Entre a extensão e a reflexão deve ser encontrada uma nova conexão. É essa nova conexão que nos propõe, não mais o sistema popular que afirma a existência contínua, mas o sistema filosófico que afirma a existência distinta independente: os objetos e as percepções se distinguem, as percepções são descontínuas e perecíveis, os objetos "são ininterruptos e conservam a existência contínua e a identidade".[44]

> "Essa hipótese apraz nossa razão por admitir que as percepções dependentes são descontínuas e diferentes, e,

mais propriedade, entre as conclusões que formamos a partir da causa e do efeito e aquelas que nos persuadem da existência contínua e independente dos corpos".

[42] *Tr.*, 304 [248].
[43] *Tr.*, 303 [346-7].
[44] *Tr.*, 300 [244].

ao mesmo tempo, ela é agradável à imaginação por atribuir a existência contínua a algo distinto que denominamos objetos."[45]

Porém, esse jogo estético da imaginação e da razão não é uma conciliação, mas a persistência de uma contradição da qual abarcamos sucessivamente cada um dos termos.[46] Além disso, ele até mesmo traz consigo suas dificuldades próprias, implicando, como vimos, um novo *[86]* uso ilegítimo da causalidade.[47] O sistema filosófico não se recomenda, inicialmente, nem à razão e nem à imaginação. É

"o fruto monstruoso de dois princípios contrários que o espírito abarca ao mesmo tempo e que são incapazes de se destruírem um ao outro."[48]

É um delírio. Quando a ficção é devinda princípio, a reflexão não para de refletir, só não podendo mais corrigir. Ela se lança, então, em compromissos delirantes.

Em termos da filosofia, o espírito é tão só um delírio e uma demência. Sistema acabado, síntese e cosmologia são tão somente imaginários.[49] Com a crença na existência dos corpos, a ficção, ela própria como um princípio, se opõe aos princípios de associação: estes são *principalmente* transbordados, em vez de o serem *consequentemente*, como nos casos das regras extensivas. Então, a fantasia triunfa. Opor-se à sua natureza e fazer passar suas fantasias, tornou-se a própria natureza do espírito. Aqui, o mais louco é ainda natural.[50] O sistema é delírio da loucura. Nesse sentido, na hipótese de uma existência independente, Hume mostrará o primeiro passo desse delírio.

---

[45] *Tr.*, 304 [248].
[46] *Tr.*, 305 [249].
[47] *Tr.*, 301 [244-5].
[48] *Tr.*, 304 [248].
[49] *Dialogues*, 247: crítica das cosmologias.
[50] *Tr.*, 309, 312-3 [252-3, 256].

Depois, ele estuda o modo pelo qual a existência independente ganha uma figura na filosofia antiga e na filosofia moderna. A antiga filosofia forja o delírio das substâncias, das formas substanciais, dos acidentes, das qualidades ocultas:[51] "espectros da obscuridade".[52] A nova filosofia tem também seus fantasmas; ela crê recuperar a razão, distinguindo as qualidades primeiras e as qualidades segundas, e, finalmente, não é menos louca do que a outra.[53] Mas, se o espírito se manifesta assim, como um *delírio*, é porque, em seu fundo, ele é primeiramente *[87]* uma *demência*.[54] Quando a extensão devém um princípio, ela retorna ao seu lado, enquanto a reflexão retorna ao seu próprio: opõem-se dois princípios que não podem se destruir.

> "Não nos é possível raciocinar corretamente e regularmente segundo as causas e os efeitos e, ao mesmo tempo, crer na existência contínua da matéria? Como ajustaremos um ao outro esses princípios? Qual dos dois preferimos?"[55]

O pior é que esses dois princípios se implicam mutuamente. A crença na existência dos corpos envolve essencialmente a causalidade. Mas, por outro lado, os princípios de associação, na medida em que constituem o dado como um sistema, denominam mundo a apresentação do dado. Desse modo, não há escolha a ser feita entre um ou outro dos dois princípios, mas entre tudo ou nada [*rien*], *entre a contradição ou o nada* [*le néant*].

> "Só nos resta escolher entre uma razão errônea ou absolutamente nada de razão."[56]

---

[51] *Tr.*, 308-14 [252-7].
[52] *Tr.*, 316 [258].
[53] *Tr.*, 315-21 [257-64].
[54] *Tr.*, 356-7 [296-8]: descrição da demência.
[55] *Tr.*, 358 [298].
[56] *Tr.*, 361 [300].

Tal é o estado de *demência*. Eis por que, em contrapartida, seria vão esperar que se pudesse separar no espírito sua razão e seu *delírio*, seus princípios permanentes, irresistíveis e universais, e seus princípios variáveis, fantasistas, irregulares.[57] A filosofia moderna espera conseguir isso, e aí está sua falha. Não temos os meios de escolher o entendimento contra as sugestões da imaginação.

"O entendimento, quando age isoladamente e segundo seus princípios mais gerais, se destrói completamente a si próprio e não deixa o menor grau de evidência a proposição alguma da vida corrente e da filosofia."[58]

[88] A função do entendimento, reflexão sobre algo, é exclusivamente corretiva; funcionando só, o entendimento pode fazer tão apenas uma coisa ao infinito, corrigir suas correções, de modo que toda certeza, mesmo prática, fica comprometida e se perde.[59]

Vimos, assim, três estados críticos do espírito. A *indiferença e a fantasia* são a situação própria do espírito, independentemente dos princípios exteriores que o fixam ao associar suas ideias. A *demência* é a contradição, no espírito, entre esses princípios dos quais ele sofre o efeito e a ficção que ele afirma como um princípio. O *delírio* é o sistema das conciliações fictícias entre os princípios e a ficção. Um só recurso, uma só positividade se oferece ao espírito: é a natureza, a prática, prática da moral e, concebida à imagem desta, prática do entendimento. Em vez de referir a natureza ao espírito, *é preciso* referir o espírito à natureza.

"Posso ceder, ou melhor, é preciso que eu ceda ao curso da natureza, submetendo-me aos meus sentidos e ao meu entendimento; e, mediante essa cega submissão, mos-

---

[57] *Tr.*, 315-6 [257-9].
[58] *Tr.*, 360 [300].
[59] *Tr.*, 269-70 [215-6].

tro muito perfeitamente minha disposição cética e meus princípios."[60]

A demência é a natureza humana reportada ao espírito, como o bom senso é o espírito que se reporta à natureza humana; uma é o reverso da outra. Eis por que é preciso ir até o fundo da demência e da solidão para encontrar o impulso do bom senso. Sem encontrar a contradição, eu não podia referir as afecções do espírito ao próprio espírito: este é idêntico à ideia, e a afecção não se deixa exprimir na ideia sem uma contradição decisiva. Em troca, o espírito que se reporta às suas afecções constitui todo o domínio das regras gerais e das crenças, *[89]* região média e temperada, na qual a contradição entre a natureza humana e a imaginação já existe, subsiste ainda, mas é regrada por uma correção possível ou desenredada pela prática. Em suma, só há ciência e vida no nível das regras gerais e das crenças.

---

[60] *Tr.*, 362 [302].

5.
EMPIRISMO E SUBJETIVIDADE
[90]

Acreditamos ter encontrado a essência do empirismo no problema preciso da subjetividade. Mas, primeiramente, cabe perguntar como esta se define. O sujeito se define por e como um movimento, movimento de desenvolver-se a si mesmo. O que se desenvolve é sujeito. Aí está o único conteúdo que se pode dar à ideia de subjetividade: a mediação, a transcendência. Porém, cabe observar que é duplo o movimento de desenvolver-se a si mesmo ou de devir outro: o sujeito se ultrapassa, o sujeito se reflete. Hume reconheceu essas duas dimensões, apresentando-as como as características fundamentais da natureza humana: a inferência e a invenção, a crença e o artifício. Trata-se de evitar, portanto, dar muita importância à analogia frequentemente assinalada entre a crença e a simpatia. Não que essa analogia deixe de ser real. Mas, se é verdade que a crença é o ato cognoscitivo do sujeito, seu ato moral, este, em troca, não é a própria simpatia; é o artifício ou a invenção, do qual a simpatia, este correspondente da crença, é somente uma condição necessária. Em resumo, crer e inventar, eis o que faz o sujeito como sujeito.

Do dado infiro a existência de outra coisa que não está dada: creio. César está morto, Roma existiu, o sol se erguerá amanhã, o pão nutre. Na mesma operação, ao mesmo tempo, julgo e me ponho como sujeito: ultrapassando o dado. Afirmo mais do que sei. Assim sendo, o problema da verdade deve ser apresentado e enunciado como o problema crítico da própria subjetividade: com que *[91]* direito o homem afirma mais do que sabe? Entre as qualidades sensíveis e os poderes da natureza inferimos uma conexão, conexão que não é conhecida. "Quando se produz um novo objeto dotado de qualidades sensíveis semelhantes, esperamos poderes e forças semelhantes e esperamos um efeito análogo. De um corpo análogo ao pão pela cor e consistência, aguardamos um alimento e uma subsistência análogos. Porém, seguramente, é essa uma diligência do espírito que reclama uma explicação."[1] De uma outra maneira somos ainda sujeitos: pelo e no juízo moral, estético ou social. Nesse sentido, o sujeito reflete e se reflete: daquilo que o afeta em geral, ele extrai um poder independente do exercício atual, isto é, uma função pura, e ele ultrapassa sua parcialidade própria.[2] Por isso tornam-se possíveis o artifício e a invenção. O sujeito inventa, ele é artificioso. É esta a dupla potência da subjetividade: crer e inventar; presumir os poderes secretos, supor poderes abstratos, distintos. Nesses dois sentidos, o sujeito é normativo: ele cria normas ou regras gerais. É preciso explicar, devemos encontrar o fundamento, o direito, o princípio dessa dupla potência, esse duplo exercício das regras gerais. Esse é o problema, pois nada em si escapa tão radicalmente ao nosso conhecimento quanto os poderes da Natureza,[3] e nada é mais fútil para o nosso entendimento do que a distinção dos poderes e do seu exercício.[4] Então, com que direito nós os presumimos e de que direito nós os distinguimos? Crer é inferir de uma parte da natureza uma outra parte que não está dada. E inventar é distinguir poderes, é constituir totalidades funcionais, totalidades que tampouco estão dadas na natureza.

Eis o problema: como pode, no dado, constituir-se *[92]* um sujeito tal que ultrapasse o dado? Sem dúvida, também o sujeito é dado, mas de outra maneira, em outro sentido. Esse sujeito que inventa e crê se constitui no dado de tal maneira que ele faz do próprio dado uma síntese, um sistema. É isso que se deve explicar. No problema assim colocado, descobrimos a essência absoluta do empirismo. Pode-se dizer que a filosofia em geral sempre procurou um plano de análise, de onde pudesse empreender e conduzir o exame das estruturas da consciência, isto é, a crítica, e justificar o todo da experiência. Portanto, é uma diferença de plano que primeiramente opõe as filosofias críticas. Fazemos uma crítica transcendental quando, situando-nos em um plano metodicamente reduzido (que, então, nos dá uma certeza essencial,

---

[1] *EPM*, 83.
[2] Cf. nosso terceiro capítulo; *Tr.*, 462 ss. [392 ss.]; 711-3 [625-7].
[3] *EPM*, 78.
[4] *Tr.*, 412 [346].

uma certeza de essência), perguntamos: como pode haver o dado, como pode algo dar-se a um sujeito, como pode o sujeito dar a si algo? Aqui, a exigência crítica é a de uma lógica construtiva que encontra seu tipo na matemática. A crítica é empírica quando, colocando-se de um ponto de vista puramente imanente, de onde seja possível, ao contrário, uma descrição que encontra sua regra em hipóteses determináveis e seu modelo em física, se pergunta a propósito do sujeito: como se constitui ele no dado? A construção do dado cede lugar à constituição do sujeito. O dado já não é dado a um sujeito; este se constitui no dado. O mérito de Hume está em já ter extraído esse problema em estado puro, mantendo-o distanciado do transcendental, mas também do psicológico.

Mas, que é o dado? É, diz Hume, o fluxo do sensível, uma coleção de impressões e de imagens, um conjunto de percepções. É o conjunto do que aparece, o ser igual à aparência,[5] *[93]* é o movimento, a mudança, sem identidade nem lei. Falar-se-á de *imaginação*, de *espírito*, designando assim não uma faculdade, não um princípio de organização, mas um tal conjunto, uma tal coleção. O empirismo parte dessa experiência de uma coleção, de uma sucessão movimentada de percepções distintas. Ele parte delas, na medida em que são distintas, na medida em que são independentes. Com efeito, seu princípio, isto é, o princípio constitutivo que dá um estatuto à experiência, não é de modo algum aquele segundo o qual "toda ideia deriva de uma impressão", cujo sentido é apenas regulador, mas é, isto sim, aquele segundo o qual

"tudo o que é separável é discernível e tudo o que é discernível é diferente."

É esse o princípio de diferença.

---

[5] *Tr.*, 278 [223]: "Como tudo o que entra no espírito é *na realidade* como a percepção, é impossível que alguma coisa possa parecer diferente ao nosso *sentimento*".

"Pois, como seria possível que pudéssemos separar o que não é discernível, ou distinguir o que não é diferente?"[6]

Assim, a experiência é a sucessão, o movimento das ideias separáveis na medida em que são diferentes, e diferentes à medida que são separáveis. É preciso partir *dessa* experiência, porque ela é *a* experiência. Ela não supõe coisa alguma, nada a precede. Ela não implica sujeito algum da qual ela seria a afecção, substância alguma da qual ela seria a modificação, o modo. Se toda percepção discernível é uma existência separada,

"nada de necessário aparece para sustentar a existência de uma percepção."[7]

O espírito é idêntico à ideia no espírito. Se queremos conservar a palavra "substância", encontrar ainda assim um emprego para ela, é preciso aplicá-la como se deve *[94]*, não como um suporte do qual não temos ideia, mas a cada percepção mesma, dizendo que

"toda percepção é uma substância", e que "cada parte distinta de uma percepção é uma substância distinta."[8]

O espírito não é sujeito, não tem necessidade de um sujeito do qual ele seria o espírito. Toda a crítica de Hume, e particularmente a do princípio de razão suficiente, à medida que denuncia sofismas e contradições,[9] resume-se no seguinte: se o sujeito é certamente o que

---

[6] *Tr.*, 84 [42].

[7] *Tr.*, 324 [266], e 124 [82]: "Toda ideia discernível é separável pela imaginação e [...] toda ideia separável pela imaginação pode ser concebida como existindo à parte".

[8] *Tr.*, 335 [276].

[9] *Tr.*, 152-5 [108-10]: "Assim, examinando-as, observaremos que todas as demonstrações produzidas a respeito da necessidade de uma causa são falaciosas e sofísticas [...]".

ultrapassa o dado, não atribuamos previamente ao dado a faculdade de ultrapassar a si próprio.

Por outro lado, o espírito já não é a representação da Natureza. As percepções não são apenas as únicas substâncias; são também os únicos objetos.[10] À negação do princípio de razão suficiente corresponde agora a negação das qualidades primeiras:[11] a percepção não nos dá diferença alguma entre dois tipos de qualidades. A filosofia da experiência não é somente a crítica de uma filosofia da substância, mas é também a crítica de uma filosofia da Natureza. Assim, a ideia não é a representação de um objeto, mas de uma impressão; quanto à própria impressão, ela não é representativa, não é introduzida,[12] é inata.[13] Sem dúvida, há uma Natureza, há operações reais, os corpos têm poderes. Contudo, devemos limitar "nossas especulações às aparências sensíveis *[95]* dos objetos, sem entrar na busca de sua natureza e suas operações reais".[14] E é preciso ver nesse "ceticismo" menos uma renúncia do que uma exigência, exigência idêntica à precedente. Com efeito, as duas críticas se unem ao ponto de formarem uma só. Por quê? Porque a questão de uma conexão determinável com a Natureza tem suas condições: ela não é evidente, não é dada, só pode ser colocada por um sujeito, sujeito que se interroga sobre o valor do sistema de seus juízos, isto é, sobre a legitimidade da transformação a que ele submete o dado ou da organização que ele confere a este. Desse modo, o verdadeiro problema será pensar um acordo, mas só no momento conveniente, entre os poderes desconhecidos dos quais dependem as aparências que nos são dadas e os princípios transcendentes que determinam a constituição de um sujeito nesse mesmo da-

---

[10] *Tr.*, 291 [235-6].

[11] *Tr.*, 280, 316-20 [224-5, 258-63].

[12] *Tr.*, 374 [310]: "Uma vez que as impressões precedem as ideias que lhes correspondem, é preciso que haja impressões que apareçam na alma sem que nada as introduza".

[13] *EEH*, 58, nota: se se entende "por *inato* o que é primitivo, o que não é copiado de impressão alguma anterior, então podemos afirmar que todas as nossas impressões são inatas e que nossas ideias não o são".

[14] *Tr.*, 135 [176].

do, entre os poderes da Natureza e os princípios da natureza humana, entre a Natureza e o sujeito. Quanto ao dado, por si mesmo e tal qual, ele não é nem a representação de uma e nem a modificação do outro.

Dir-se-á que o dado, pelo menos, se dá aos sentidos, que ele supõe órgãos ou mesmo um cérebro. Sem dúvida, mas o que é preciso evitar, agora e sempre, é atribuir *previamente* ao organismo uma organização que lhe virá *somente* quando o próprio sujeito vier ao espírito, ou seja, uma organização que depende dos mesmos princípios dos quais depende o próprio sujeito. Assim, em um texto essencial,[15] Hume leva em conta uma explicação fisiológica da associação, da subjetividade:

> "Quando se concebe uma ideia, os espíritos animais se difundem por todos os rastros vizinhos e despertam as outras ideias ligadas à primeira [...]"

Hume, ele mesmo, apresenta essa explicação como "verossímil e plausível"; mas ele diz que a trata voluntariamente com negligência. Quando *[96]* ele a invoca, não o faz para explicar a associação, mas os erros nascidos da associação,[16] pois uma tal organização cerebral, embora nos dê um modelo fisiológico válido do processo associativo, nem por isso deixa de supor os princípios dos quais este depende e não pode, portanto, dar conta deles. Em resumo, por si mesmos, o organismo e os sentidos não têm imediatamente as qualidades próprias de uma natureza humana ou de um sujeito; eles deverão recebê-las de alhures. Por si mesmo, o mecanismo do corpo não pode explicar a espontaneidade do sujeito. Por si mesmo, em si mesmo, um órgão é somente uma coleção de impressões consideradas no mecanismo de sua aparição:

---

[15] *Tr.*, 131 [88].

[16] *Tr.*, 131 [88]: "Ora, se bem que eu tenha negligenciado toda vantagem que eu poderia ter tirado desse gênero de considerações para explicar as relações de ideias, temo dever recorrer aqui a elas para dar conta dos enganos que nascem dessas relações".

"Objetos exteriores são vistos e tocados, tornam-se presentes ao espírito; isto é, no sítio de um amontoado de percepções conjuntas, eles adquirem uma conexão [...]"[17]

Numa palavra, retornamos sempre à mesma conclusão: o dado, o espírito, coleção de percepções, não pode apelar para outra coisa a não ser para si.

Mas, apelando para si, a quê apela, visto que a coleção permanece arbitrária, visto que cada ideia, cada impressão pode desaparecer ou separar-se do espírito sem contradição?[18] Como se pode falar do dado em geral ou do espírito? Qual é a consistência do espírito? Do mesmo modo, não é sob o aspecto da qualidade que é preciso considerar o espírito como espírito, mas do ponto de vista da quantidade. Não é a qualidade representativa da ideia que nos importa nesse estágio, mas sua divisibilidade. *O princípio fundamental do empirismo, o princípio de diferença já nos dizia isso; é esse seu sentido.* O invariante do espírito não é tal ou qual ideia, *[97]* mas a menor ideia. Uma ideia pode aparecer ou desaparecer; posso sempre encontrar outras, mas acontece-me não poder encontrar as menores dentre elas. "Rejeitando que o espírito tenha uma capacidade infinita, admitimos que se possa encontrar um termo à divisão de suas ideias."[19] O que conta em tal ideia não é que ela represente isto ou aquilo, mas que ela seja indivisível:

"Quando me falais da milionésima ou da decamilionésima parte de um grão de areia, tenho uma ideia distinta desses números e de suas diferentes relações, mas as imagens que formo em meu espírito para representar as próprias coisas em nada diferem uma da outra e não são elas inferiores à imagem pela qual represento o próprio grão de areia [...] Ainda que pudéssemos imaginar a própria coisa, a ideia de um grão de areia não é divisível nem separável

[17] *Tr.*, 296 [240].
[18] *Tr.*, 296 [241].
[19] *Tr.*, 94 [52].

em 20, menos ainda em 1.000 ou em um número infinito de ideias diferentes."[20]

A essa reflexão, que remete a própria ideia ou a impressão ao critério da divisão, denominamos *o momento do espírito*. O espírito, o dado, não se vale de tal ou qual ideia, mas da menor ideia, sirva ela para representar o grão de areia ou sua parte. Eis por que o problema do estatuto do espírito, finalmente, une-se ao problema do espaço. De um lado, é a respeito da extensão que nos perguntaremos: é ela infinitamente divisível ou não? Por outro lado, é a extensão, de certo modo, que é constituída pelas ideias indivisíveis consideradas como tais. Hume apresenta essas duas teses como duas partes intimamente ligadas de um sistema.[21]

Vejamos, inicialmente, a primeira parte.[22] Dizer que o espírito tem uma capacidade finita é dizer que "a imaginação atinge um mínimo".[23] *[98]* Hume dá a esse mínimo o nome de unidade,[24] ponto indivisível,[25] impressão de átomo ou de corpúsculo,[26] ideia-limite.[27] Nada menor; e, por "nada", não se trata somente de entender nenhuma outra ideia, mas nenhuma outra coisa em geral.[28] A ideia-limite é absolutamente indivisível. Se ela é indivisível para o espírito, é ela indivisível em si, pois ela é ideia. A existência em si pertence à unidade.[29] É graças a isso que o espírito possui e mostra uma objetividade. Todo o tema de Hume, conciliando os defeitos dos sentidos e a obje-

---

[20] *Tr.*, 94 [52-3]: "O caso é o mesmo para as impressões dos sentidos [...]".

[21] *Tr.*, 107 [65].

[22] *Tr.*, seções I [93-6 [51-4]], II [96-100 [54-9]] e IV [107-23 [65-81]]: "as ideias de espaço e de tempo".

[23] *Tr.*, 94 [52].

[24] *Tr.*, 98 [56].

[25] *Tr.*, 100 [58].

[26] *Tr.*, 106 [64].

[27] *Tr.*, 112 [70].

[28] *Tr.*, 95-6 [53-4]: "Não há nada menor do que essa ideia [...]".

[29] *Tr.*, 98 [56].

tividade do dado, é o seguinte: sem dúvida, embora haja coisas menores do que os menores corpos que aparecem aos nossos sentidos, permanece o fato de que não há nada menor do que a impressão que temos desses corpos ou do que a ideia que deles fazemos.[30] Quanto à segunda parte da tese,[31] vemos que ela é determinada pela primeira. A menor ideia, a menor impressão não é um ponto matemático, nem um ponto físico, mas um ponto sensível.[32] O ponto físico já é extenso, é ainda divisível; o ponto matemático é um nada. Entre os dois, há um meio, único real; entre uma extensão real e uma não-existência, há a existência real da qual a extensão vai precisamente se compor. O ponto sensível ou átomo é visível e tangível, colorido e sólido. Ele não tem extensão por si mesmo, porém existe. Vimos por que ele existe; e é na possibilidade de sua existência, na razão de sua existência distinta, que o empirismo encontra um princípio. Ele não é *[99]* extenso, porque extensão alguma é ela mesma um átomo, um corpúsculo, uma ideia mínima, uma impressão simples. "Cinco notas tocadas em uma flauta nos dão a impressão e a ideia de tempo, embora o tempo não seja uma sexta impressão que se apresente à audição ou a um outro sentido."[33] Assim também a ideia de espaço é somente a ideia de pontos visíveis ou tangíveis distribuídos em uma certa ordem.[34] Descobre-se o espaço na disposição dos objetos visíveis e tangíveis, assim como se descobre o tempo na sucessão perceptível dos objetos cambiantes.

Portanto, o dado não está no espaço, o espaço é que está no dado. O espaço e o tempo estão no espírito. Todavia, observemos a diferença entre o tempo e o espaço. Este só pode nos ser dado por dois sentidos, a visão e o tato. Com efeito, para que haja ideia de espaço,

---

[30] *Tr.*, 95 [53-4]: "O único defeito dos nossos sentidos é o de nos dar imagens desproporcionais das coisas e de representar-nos como pequeno e sem composição o que é realmente grande e composto de um grande número de partes".

[31] *Tr.*, seções III [101-7 [59-65]] e V [123-36 [81-93]]: "as ideias de espaço e de tempo".

[32] *Tr.*, 108 [66].

[33] *Tr.*, 104 [62].

[34] *Tr.*, 123 [81].

é preciso que as impressões simples ou as partes de nossas impressões estejam dispostas de uma certa maneira, maneira que os outros sentidos não nos apresentam,[35] como tampouco, no movimento, nos é ela apresentada pelas impressões musculares.[36] A extensão, portanto, é somente a qualidade de certas percepções.[37] O mesmo não ocorre a propósito do tempo, que é efetivamente apresentado por todo conjunto de quaisquer percepções como sua qualidade.[38]

[100] "Podemos observar que há no espírito uma sequência contínua de percepções; de modo que a ideia de tempo nos é sempre presente."[39]

Portanto, é por duas características objetivas que é preciso definir o dado: indivisibilidade de um elemento, distribuição dos elementos; *átomo e estrutura*. Como observava Jean Laporte, é inteiramente falso dizer que o todo, no atomismo de Hume, seja tão só a soma de suas partes, pois as partes tomadas em conjunto se definem, ao contrário, por seu modo de aparição temporal e por vezes espacial, modo objetivo e espontâneo que nada deve à reflexão, nada à construção. Hume o diz a propósito do espaço em um texto em relação ao qual o esquecimento da segunda frase nos levaria a enganos:

"A percepção se compõe de partes. Essas estão situadas de maneira a nos proporcionar a noção de distân-

---

[35] *Tr.*, 325 [267]: "Quando reduzimos ou acrescentamos um sabor, não o fazemos da mesma maneira do que quando reduzimos ou acrescentamos um objeto visível; e quando vários sons impressionam conjuntamente nosso sentido da audição, só o costume e a reflexão nos permitem formar uma ideia dos graus de distância e de contiguidade de onde provêm os sons".

[36] *Tr.*, 126 [82]. Observemos que nesse texto, como no precedente, Hume nada se pergunta a respeito da maneira precisa pela qual as impressões da visão e do tato se distribuem, por oposição à distribuição dos dados dos outros sentidos. É que Hume não parece interessar-se pelo problema puramente psicológico.

[37] *Tr.*, 330 [272].

[38] *Tr.*, 102-3 [59-60].

[39] *Tr.*, 136 [93].

cia e de contiguidade, de comprimento, largura e espessura."[40]

Devemos agora levantar a seguinte questão: quando falamos do sujeito, que queremos dizer? Queremos dizer que a imaginação, de simples coleção, devém uma faculdade; a coleção distribuída devém um sistema. O dado é retomado por e em um movimento que ultrapassa o dado; o espírito devém natureza humana. O sujeito inventa, crê; *ele é síntese, síntese do espírito*. Levantaremos três problemas: primeiramente, quais são as características do sujeito na crença e na invenção. Em seguida, quais são os princípios pelos quais o sujeito se constitui assim? Ou ainda: quais são os fatores sob cuja ação o espírito se transformou? Finalmente, quais são os diversos momentos dessa síntese operada pelo sujeito no espírito? Ou ainda: quais são os momentos do sistema? Partimos do primeiro problema; e como tivemos de estudar o espírito, anteriormente, sob três pontos de vista — vinculado a si, [101] vinculado aos órgãos dos sentidos e vinculado ao tempo —, devemos perguntar o que essas três instâncias devêm quando o próprio espírito devém um sujeito.

Primeiro, relativamente ao tempo. Considerado no modo de aparição de suas percepções, o espírito era essencialmente sucessão, tempo. Agora, falar do sujeito é falar de uma duração, de um costume, de um hábito, de uma expectativa. A expectativa é hábito, o hábito é expectativa: essas duas determinações, a pressão do passado e o impulso em direção ao porvir, são os dois aspectos de um mesmo dinamismo fundamental, presente no centro da filosofia de Hume. E não é necessário forçar os textos para encontrar no hábito-expectativa a maior parte das características de uma duração, de uma memória bergsoniana. O hábito é a raiz constitutiva do sujeito e, em sua raiz, o sujeito é a síntese do tempo, a síntese do presente e do passado em vista do porvir. Hume mostra isso precisamente quando estuda as duas operações da subjetividade, a crença e a invenção. Na invenção, sabemos do que se trata: cada sujeito se reflete, isto é, ultrapassa sua parcialidade e sua avidez imediatas, instaurando regras da proprie-

[40] *Tr.*, 330 [272].

dade, instituições que tornam possível um acordo entre os sujeitos. Mas, sobre o quê, na natureza do sujeito, se fundam esse acordo mediato e essas regras gerais? Aqui, Hume retoma uma teoria jurídica simples que, por sua vez, os utilitaristas, em sua maior parte, desenvolverão: cada homem *espera* conservar o que possui.[41] O princípio da expectativa tapeada vai desempenhar o papel do princípio de contradição em uma lógica da propriedade, o papel de um princípio de contradição sintético. Sabemos que, segundo Hume, há vários estados de posse, determinados por relações complexas: posse atual, antes da instituição da sociedade; e, uma vez instituída a sociedade, ocupação, prescrição, acessão, sucessão. Mas é somente *[102]* o dinamismo do hábito e da expectativa que faz desses estados direitos à propriedade. A originalidade de Hume está na teoria desse dinamismo: a expectativa é a síntese do passado e do presente que o hábito opera. A expectativa, o porvir, é essa síntese do tempo que o sujeito constitui no espírito.

"O efeito do costume é esse, o de não nos familiarizar somente com aquilo tudo que desfrutamos durante longo tempo, mas ainda o de engendrar uma disposição em favor disso e de nos levar a preferi-lo do que a outros objetos talvez mais estimáveis, porém menos conhecidos por nós."[42]

A esse respeito, o exemplo privilegiado é o da prescrição: nesse caso, não é só por uma síntese do tempo que o sujeito transforma o estado da posse em direito à propriedade, mas o próprio estado da posse é o tempo e nada além do tempo.

"Como é certo que o tempo nada produz de real, embora tudo seja nele produzido, segue-se que a propriedade,

---

[41] *Tr.*, 622 [544]. Cf., notadamente, Burke, para quem a prescrição funda o direito de propriedade.
[42] *Tr.*, 622 [544].

sendo ela produzida pelo tempo, nada é de real nos objetos; ela é filha dos sentimentos, pois é somente sobre estes, como vemos, que o tempo exerce uma influência."[43]

Tem-se aí a melhor maneira de dizer que o tempo mantém com o sujeito uma conexão tal que o sujeito apresenta-nos a síntese do tempo, e que essa síntese é unicamente produtiva, criadora, *inventiva*.

O mesmo se dá com a crença. Sabemos que a crença é somente uma ideia viva unida pela relação causal a uma impressão presente.[44] A crença é um sentimento, uma maneira particular de sentir a ideia.[45] A crença é a ideia "sentida mais do que concebida",[46] é a ideia viva. Então, se queremos analisar esse sentimento [103], devemos interrogar a relação causal, pois é esta que comunica à ideia a vivacidade da impressão presente. E nessa análise o sentimento revela sua fonte: ele se manifesta ainda como o produto da síntese do tempo. Com efeito, que é a relação causal em sua essência? É "a tendência produzida pelo costume de passar de um objeto à ideia de um outro objeto que o acompanha habitualmente".[47] Reencontramos, portanto, essa unidade dinâmica do hábito e da tendência, essa síntese de um passado e de um presente constitutiva do porvir, essa identidade sintética de uma experiência passada e de uma adaptação ao presente.[48]

> "O costume é o grande guia da vida humana [...]. Sem a ação do costume [...], jamais saberíamos como ajustar meios em vista de fins, nem como empregar nossos poderes naturais para produzir um efeito. Seria ao mesmo

---

[43] *Tr.*, 627 [548-9].

[44] *Tr.*, 185 [137-8]: "Uma vez que a experiência nos leva a descobrir que a crença nasce apenas da causalidade e que só podemos tirar inferência de um objeto a outro se estiverem unidos por essa relação [...]".

[45] *Tr.*, 754 [662].

[46] *Tr.*, 757 [665].

[47] *Tr.*, 252 [199].

[48] *Tr.*, 180 [133].

tempo o fim de toda ação, assim como de quase toda especulação."[49]

Em suma, a síntese consiste em colocar o passado como *regra* do porvir.[50] Na crença, como na propriedade, encontramos sempre a mesma transformação: o tempo era *estrutura* do espírito; agora o sujeito se apresenta como a *síntese* do tempo. E para compreender o sentido dessa transformação, é preciso assinalar que, por si mesmo, o espírito comportava a memória, no sentido que Hume dá a essa palavra: distinguiam-se na coleção das percepções, segundo os graus de vivacidade, as impressões dos sentidos, as ideias da memória e as ideias da imaginação.[51] A memória era a reaparição de uma impressão sob forma de uma ideia ainda viva. Mas, justamente, por si mesma, ela não operava síntese alguma do tempo; ela não ultrapassava a estrutura, ela encontrava seu papel essencial na [104] reprodução das diferentes estruturas do dado.[52] É o hábito, ao contrário, que vai apresentar-se como uma síntese; e o hábito remete ao sujeito. A lembrança era o antigo presente, não era o passado. Devemos chamar passado, não simplesmente aquilo que foi, mas aquilo que determina, que atua, que pressiona, que pesa de uma certa maneira. Nesse sentido, o hábito é para a memória o que o sujeito é para o espírito, mas, além disso e mais ainda, ele prescinde facilmente dessa dimensão do espírito que se chama memória; o hábito não tem necessidade da memória. Ordinariamente, ele prescinde dela de uma maneira ou de outra: ora ele não se faz acompanhar de qualquer evocação de lembranças,[53] ora não há lembrança alguma particular que ele possa evocar.[54] Numa

[49] *EEH*, 91.

[50] *EEH*, 83.

[51] *EEH*, 73.

[52] *Tr.*, 74 [33-4]. "O papel principal da memória não é conservar as ideias simples, mas sua ordem e sua posição".

[53] *Tr.*, 181 [134]: "A ideia de imersão está de tal modo estreitamente unida à ideia de água, e a ideia de asfixia à de imersão, que o espírito opera a transição sem a ajuda da memória".

[54] *Tr.*, 182 [135].

palavra, o passado como passado não está dado; ele é constituído por e numa síntese que dá ao sujeito sua verdadeira origem, sua fonte.

Isso nos leva a dar mais precisão ao que deve-se entender por essa síntese do passado e do presente. Isso não está claro, pois é certo que, *se nos damos o passado e o presente*, a síntese se faz por si só, já está feita, já não há problema. E, sendo o porvir constituído por essa síntese do passado e do presente, tampouco há, nessas condições, problema do porvir. Assim, quando Hume nos diz que o mais difícil é explicar como podemos constituir o passado como regra do porvir, temos a impressão de não ver onde se acha a dificuldade. Hume, ele próprio, sente a necessidade de nos convencer que ele não está buscando propor paradoxos.[55]

> "É em vão que pretendeis ter aprendido a natureza dos corpos de vossa experiência passada. Sua natureza oculta, e, por conseguinte, todos os seus efeitos e todas as suas *[105]* ações, pode mudar sem que mudem suas qualidades sensíveis. Isso às vezes se produz, e com respeito a certos objetos; por que isso não se produziria sempre e com respeito a todos os objetos? Que lógica, que progresso de raciocínio vos garante contra essa suposição? *Minha prática refuta minhas dúvidas, dizeis. Mas vós vos equivocais sobre o sentido de minha questão. Em minha ação, tenho plena satisfação sobre esse ponto; mas como filósofo que tem seu quinhão de curiosidade, não direi de ceticismo, desejo aprender a base dessa conclusão.*"[56]

Na prática, com efeito, não há problema, porque, sendo dados o passado e o presente, a síntese está dada de pronto. Mas, justamente, o problema está alhures. O presente e o passado, este compreendido como a partida de um impulso, aquele como objeto de uma observação, não são características do tempo. Seria melhor dizer que eles são mesmo os produtos da própria síntese do que seus elementos com-

---

[55] *Tr.*, 253-4 [199-200].
[56] *EEH*, 84 (sublinhado por Gilles Deleuze).

ponentes. Mas ainda isso não seria exato. De fato, o passado e o presente se constituem no tempo sob a influência de certos princípios, e a própria síntese do tempo é tão só essa constituição, essa organização, essa dupla afecção. O problema é este, portanto: como, *no tempo*, um presente e um passado se constituem? Desse ponto de vista, a análise da relação causal em seu dualismo essencial ganha todo seu sentido. De uma parte, Hume apresenta-nos *a experiência* como um princípio que manifesta uma multiplicidade, uma repetição de casos semelhantes; literalmente, esse princípio afeta o tempo com um passado. De outra parte, ele vê no hábito *um outro princípio*, aquele que nos determina a passar agora de um objeto àquele que o acompanhava, isto é, que organiza o tempo como um presente perpétuo ao qual devemos e podemos nos adaptar. E se nos referimos às distinções que Hume estabelece quando analisa "a inferência da impressão à ideia",[57] *[106]* podemos dar as seguintes definições: o entendimento é o próprio espírito, mas que, sob a influência do princípio da experiência, reflete o tempo sob a forma de um passado submetido à sua observação; e a imaginação, sob a influência do princípio do hábito, é ainda o espírito, mas que reflete o tempo como um determinado porvir preenchido por suas esperas. A crença é relação entre essas duas dimensões constituídas. Dando a fórmula da crença, Hume escreve: os dois princípios

> "se unem para atuar sobre a imaginação e eles me levam a formar certas ideias de uma maneira mais intensa e mais viva que outras não acompanhadas pelas mesmas vantagens."[58]

Acabamos de ver como se transforma o tempo quando o sujeito se constitui no espírito. Podemos passar ao segundo ponto: que devém o organismo? Há pouco, ele se apresentava apenas como o mecanis-

---

[57] *Tr.*, parte III, seção VI: a diferença entre o entendimento e a imaginação, p. 167 [121]; entre a causalidade como relação filosófica e a causalidade como relação natural, p. 168 [122].

[58] *Tr.*, 358 [297].

mo das percepções distintas. Agora, dizer que o sujeito se constitui no espírito é dizer que, sob a influência dos princípios, o organismo ganha uma dupla espontaneidade. Em primeiro lugar, uma *espontaneidade de relação*.[59] "Quando se concebe uma ideia, os espíritos animais difundem-se em todos os traços vizinhos e despertam as outras ideias ligadas à primeira."[60] Como já dissemos, para que os espíritos animais encontrem precisamente nos traços *vizinhos*, nos quais eles caem, ideias que são *ligadas* à primeira, àquela que o espírito desejaria ver, é preciso primeiramente que as próprias ideias estejam associadas no espírito; é preciso que o mecanismo das percepções distintas esteja, de algum modo, no próprio corpo, recortado por uma espontaneidade física das relações, espontaneidade do corpo que depende dos [107] mesmos princípios que a subjetividade. Há pouco, o corpo era somente o espírito, a coleção de ideias e de impressões consideradas no mecanismo de sua produção distinta; agora, o corpo é o próprio sujeito considerado na espontaneidade das relações que ele estabelece entre as ideias, sob a influência dos princípios.

Em segundo lugar, uma *espontaneidade de disposição*. Vimos que importância tinha para Hume a distinção de dois tipos de impressões: as impressões de sensação e as impressões de reflexão. Nosso problema todo depende dessa distinção, pois as impressões de sensação apenas formam o espírito, dão-lhe somente uma origem, ao passo que as impressões de reflexão constituem o sujeito no espírito, qualificam diversamente o espírito como um sujeito. Sem dúvida, Hume apresenta-nos essas impressões de reflexão como fazendo parte da coleção; mas é ainda preciso, *primeiramente*, que elas sejam formadas. E, em sua própria formação, elas dependem de um processo particular, dependem de princípios que são os princípios da subjetividade.

"Ao repassar mil vezes todas as suas ideias de sensação, jamais o espírito pode extrair delas uma nova ideia

---

[59] Empregamos a palavra *espontaneidade* em função da seguinte ideia: é ao mesmo tempo que os princípios constituem um sujeito no espírito e que esse sujeito estabelece relações entre as ideias.

[60] *Tr.*, 131 [88].

original, a não ser que *a natureza tenha talhado suas faculdades de tal modo que ele sinta nascer uma nova impressão original de uma tal contemplação.*"[61]

O problema, portanto, é saber qual nova dimensão é conferida ao corpo pelos princípios da subjetividade, quando estes constituem impressões de reflexão no espírito. As impressões de sensação definiam-se por um mecanismo e remetiam ao corpo como ao procedimento desse mecanismo; as impressões de reflexão definem-se por uma espontaneidade, por uma disposição, e remetem ao corpo como à fonte biológica dessa espontaneidade. Hume analisa essa nova dimensão do corpo ao estudar as paixões. O organismo é disposto de maneira a produzir a paixão; ele apresenta uma disposição própria e particular à paixão considerada, como "um *[108]* movimento interno primitivo".[62] É assim no caso da fome, da sede ou do desejo sexual.[63] Todavia, objetar-se-á que nem todas as paixões são como essas, pois há outras, como o orgulho e a humildade, o amor e o ódio, o amor entre os sexos, a alegria e o desgosto, às quais não corresponde, *em particular*, disposição corporal alguma. É que a natureza, nesse caso, não produz a paixão "imediatamente a partir de si mesma", mas "deve ser secundada pela cooperação de outras causas".[64] Tais causas são naturais, mas não originais.[65] Em outros termos, o papel da disposição corporal, aqui, é somente assumido por um objeto exterior, que produzirá a paixão em circunstâncias naturais determináveis. Isso quer dizer que, mesmo em tais casos, só se compreenderá o fenômeno da paixão a partir da disposição corporal: "*assim como* a natureza deu ao corpo certos apetites e certas inclinações [...], assim também ela agiu para com o espírito".[66] E qual é, em geral, o sentido da disposi-

---

[61] *Tr.*, 105 [63] (sublinhado por Gilles Deleuze).

[62] *Tr.*, 387 [32].

[63] *Tr.*, 500-3 [428-31].

[64] *Tr.*, 386 [322]. [Deleuze empregou o termo "*opération*", ao passo que a tr. fr. emprega "*coopération*", traduzindo "*co-operation*" do texto humeano.]

[65] *Tr.*, 379-80 [315].

[66] *Tr.*, 472 [402].

ção? Por intermédio da paixão, ela provoca espontaneamente o aparecimento de uma ideia, ideia do objeto que responde à paixão.[67]

Resta o último ponto de vista, o mais geral: sem outro critério, é preciso comparar o sujeito com o espírito. Mas, justamente por ser esse ponto de vista o mais geral, ele já nos conduz ao segundo problema anunciado: quais são os princípios que constituem o sujeito no espírito? Qual é o fator sob o qual vai o espírito se transformar? Vimos que a resposta de Hume é simples: princípios da natureza humana é que transformam o espírito em um sujeito, *[109]* que constituem um sujeito no espírito. Tais princípios são de dois tipos: *os princípios de associação*, de uma parte e, de outra parte, os princípios da paixão que podem, em certos aspectos, ser apresentados sob a forma geral de um *princípio de utilidade*. O sujeito é essa instância que, sob o efeito de um princípio de utilidade, persegue um alvo, uma intenção, organiza meios em vista de um fim, e que, sob o efeito de princípios de associação, estabelece relações entre as ideias. Assim, a coleção devém um sistema. A coleção das percepções devém um sistema quando elas são organizadas, quando são religadas.

Consideramos o problema das relações. Não devemos discutir acerca de pontos inúteis; não temos de perguntar: supondo que as relações não dependam das ideias, é seguro que, então e por isso mesmo, dependam elas do sujeito? É evidente: se as relações não têm por causas as propriedades das próprias ideias entre as quais elas se estabelecem, se elas têm outras causas, então essas outras causas determinam um sujeito, que é o único a estabelecer as relações. Na afirmação segundo a qual um juízo verdadeiro não é uma tautologia é que se manifesta a conexão entre a verdade e a subjetividade. Portanto, a proposição verdadeiramente fundamental é a seguinte: as relações são exteriores às ideias. E se elas são exteriores, é delas que decorre o problema do sujeito, tal como é levantado pelo empirismo: é preciso saber, com efeito, de quais outras causas elas dependem, *isto é, como se constitui o sujeito na coleção de ideias*. As relações são exteriores aos seus termos: quando James se diz pluralista, é isso que ele está di-

---

[67] *Tr.*, 386 e 502 [321 e 430].

zendo em princípio; assim também Russell, quando se diz realista. Devemos ver nessa proposição o ponto comum de todos os empirismos.

É verdade que Hume distingue dois tipos de relações: "aquelas que podem variar sem qualquer variação das ideias" (identidade, relações de tempo e de lugar, causalidade) e "aquelas que dependem inteiramente das ideias que comparamos entre si" (semelhança, contrariedade, graus de qualidade e proporções de quantidade e de *[110]* número).[68] Nesse sentido, parece que as segundas não são exteriores às ideias. É nisso que Kant acreditava ao censurar Hume por ter apresentado a matemática como um sistema de juízos analíticos. Mas não é assim. Toda relação é exterior aos seus termos.

> "Consideramos que a igualdade é uma relação, não sendo, *pois*, propriamente falando, uma propriedade intrínseca das figuras; ela nasce unicamente da comparação que o espírito estabelece entre elas."[69]

A ideia, como vimos, pode ser considerada de duas maneiras: coletivamente e individualmente, distributivamente e particularmente, na coleção determinável onde seu modo de aparição a situa e nas suas qualidades próprias. É essa a origem da distinção entre as duas espécies de relações. Mas uma e outra são igualmente exteriores à ideia. Vejamos a primeira espécie. O que as conexões de espaço e de tempo apresentam-nos sob diversas formas (distância, contiguidade, anterioridade, posterioridade etc.) é a relação entre um objeto variável e o conjunto no qual é integrado, a estrutura na qual seu modo de aparição o situa. Todavia, dir-se-á que o espírito, em si mesmo e como tal, já nos dava as noções de distância e de contiguidade.[70] Sem dúvida, mas, assim, ele nos dava somente a matéria de uma confrontação, não seu princípio atual. O que os objetos contíguos ou distantes de modo algum explicam é que a distância e a contiguidade sejam *relações*. No espírito, o espaço e o tempo eram tão somente uma *composição*. Como devêm eles uma relação, sob qual influência, influência exterior

[68] *Tr.*, 141 [97].
[69] *Tr.*, 115 [73].
[70] *Tr.*, 330 [272].

ao espírito, pois este, como eles e com eles, é submetido por ela, encontrando nessa coerção uma constância que ele não tem por si mesmo? A originalidade da relação aparece ainda mais claramente no problema da identidade. Com *[111]* efeito, a relação é aqui *ficção*: aplicamos a ideia de tempo a um objeto invariável, comparamos as representações do objeto imutável com a sequência de nossas percepções.[71] E, mais claramente ainda, sabemos que, na causalidade, a relação é *ultrapassamento*.[72] Agora, se as relações da segunda espécie se prestam mais à confusão, é porque esta segunda espécie põe em relação tão somente as características de duas ou várias ideias consideradas individualmente. A semelhança, no sentido estrito da palavra, compara qualidades; as proporções comparam quantidades; os graus de quantidade comparam intensidades. Nesse caso, não surpreende que as relações não possam mudar sem que mudem as ideias: com efeito, o que é considerado, o que propicia matéria à comparação, é tal ou qual ideia objetivamente discernível, e não mais uma coleção efetivamente determinável mas sempre arbitrária. Nem por isso é menos certo que tais relações continuam sendo exteriores. Que ideias particulares se assemelhem não explica que a semelhança seja uma relação, isto é, não explica que uma ideia possa despertar no espírito ideia semelhante a ela. Que ideias sejam indivisíveis não explica que as unidades por elas constituídas se adicionem, se subtraiam, se igualem, entrem em um sistema de *operações*, nem que as extensões, que por outro lado elas compõem em virtude de sua disposição, possam *ser medidas, avaliadas*. Reconhecem-se aí os dois problemas distintos da aritmética e da geometria. Em suma, a relação, de qualquer modo, sempre supõe uma síntese da qual nem a ideia e nem o espírito podem dar conta. A relação designa, em um sentido, "essa circunstância particular pela qual *julgamos bom* comparar duas ideias".[73] A expressão "julgar bom" é a melhor: trata-se, com efeito, de um juízo normativo. O problema é saber quais são as normas desse juízo, dessa decisão, quais são as normas da subjetividade. No limite, *[112]* seria preciso falar do voluntarismo de Hume, colocando-se então o problema de

[71] *Tr.*, 136 [93].
[72] *Tr.*, 146 [101-2].
[73] *Tr.*, 78 [37].

mostrar os princípios dessa vontade, princípios independentes das características do espírito.

Primeiramente, esses princípios são os de associação: contiguidade, semelhança e causalidade. É evidente que essas noções devem ser tomadas em um sentido distinto daqueles que elas tinham há pouco, quando apresentavam-se apenas como casos de relações. As relações são um *efeito* dos princípios de associação. Esses próprios princípios dão uma constância ao espírito, naturalizam-no. Parece que cada um deles dirige-se a um aspecto particular do espírito: a contiguidade, aos sentidos; a causalidade, ao tempo; e a semelhança, à imaginação.[74] Seu ponto comum é que eles designam uma qualidade que conduz o espírito *naturalmente* de uma a outra ideia.[75] Sabemos que sentido é preciso dar a essa palavra qualidade; que uma ideia introduza naturalmente uma outra não é uma qualidade da ideia, mas uma qualidade da natureza humana. Só a natureza humana é qualificativa. Com efeito, o que a coleção de ideias nunca explicará, é que as mesmas ideias simples se agrupam regularmente em ideias complexas; é preciso que as ideias "mais apropriadas a se unirem numa ideia complexa" sejam *designadas* a cada um. E essas ideias não são designadas no espírito sem que este devenha sujeito, sujeito *ao qual* essas ideias são designadas — sujeito que *fala*. É ao mesmo tempo que as ideias são designadas no espírito e que o próprio espírito devém um sujeito. Em resumo, os princípios de associação têm por efeito as ideias complexas: relações, substâncias e modos, ideias gerais. Sob a influência dos princípios de associação, as ideias são comparadas, são agrupadas, são evocadas. Essa conexão, ou melhor, essa intimidade das ideias complexas e do sujeito, tal que este seja o reverso daquelas, nos é apresentado na linguagem, uma vez que, falando, *[113]* o sujeito designa de algum modo as ideias que lhe são designadas.

As relações são exteriores aos seus termos. Isso quer dizer que as ideias não dão conta da natureza das operações feitas sobre elas e nem, particularmente, das relações estabelecidas entre elas. Os princípios da natureza humana, os princípios da associação, são a condi-

---

[74] *Tr.*, 76 [35-6].
[75] *Tr.*, 75 [35].

ção necessária das relações. Porém, estaria por isso resolvido o problema? Quando Hume definia a relação como "essa circunstância particular pela qual julgamos bom comparar duas ideias", ele acrescentava: "mesmo quando estas são unidas arbitrariamente na imaginação", isto é, mesmo quando uma não introduz naturalmente a outra. Com efeito, a associação não basta para explicar as relações. Sem dúvida, ela só as torna possíveis. Sem dúvida, ela dá conta inteiramente das relações imediatas ou diretas, aquelas que se estabelecem entre duas ideias sem que uma outra ideia da coleção esteja interposta entre elas. Por exemplo, ela explica a relação de dois graus de azul imediatamente vizinhos, de dois objetos contíguos... etc.; digamos que ela explica que A = B e que B = C. Mas o que ela não explica é que A = C, ou que a própria distância seja uma relação.[76] Veremos mais adiante que Hume denomina relação natural aquilo que a associação explica e, relação filosófica, aquilo que ela não basta para explicar. Ele insiste muito sobre o seguinte ponto, que tem a maior importância: é próprio da natureza ser natural, fácil, imediata. Nas mediações, ela perde sua força e sua vivacidade, seu efeito. Os intermediários a esgotam, e a cada um ela deixa algo de si mesma:

> "Quando o espírito não atinge seus objetos com comodidade e facilidade, os mesmos princípios não têm o mesmo efeito que teriam se o espírito concebesse mais naturalmente suas ideias; *[114]* a imaginação não experimenta uma sensação que seja comparável àquela que nasce de suas opiniões e juízos correntes."[77]

Então, como se justificam as mediações propriamente ditas, as relações que se estabelecem entre os objetos mais longínquos? A semelhança, diz Hume, nem sempre produz

---

[76] *Tr.*, 79 [37-8]: "A distância, concordarão os filósofos, é uma verdadeira relação, porque dela adquirimos a ideia ao comparar os objetos; mas, correntemente, dizemos que *nada pode estar mais distante que tais e tais coisas, nada pode ter menos relação*".

[77] *Tr.*, 273 [218].

"uma conexão ou associação de ideias. *Quando uma qualidade vem a ser mais geral e é comum a uma grande quantidade de indivíduos, a nenhum destes ela conduz diretamente o espírito; mas, por apresentar de pronto uma escolha muito grande, ela impede que a imaginação se fixe em algum objeto em particular.*"[78]

A maior parte das objeções feitas ao associacionismo reduzem-se ao seguinte: a rigor, os princípios de associação explicam a forma do pensamento em geral, não seus conteúdos singulares; a associação apenas explica a superfície de nossa consciência, "a crosta". Sobre esse ponto, entram em acordo autores tão diferentes como Bergson e Freud. Em um texto célebre, Bergson escreve:

"Procurar-se-ia em vão duas ideias que não tivessem entre si algum traço de semelhança ou não se tocassem por algum lado. Trata-se de semelhança? Por mais profundas que sejam as diferenças que separam duas imagens, encontrar-se-á sempre, em se remontando o suficientemente alto, um gênero comum ao qual elas pertencem e, por conseguinte, uma semelhança que lhes serve de traço de união [...]. Isso equivale a dizer que entre duas ideias quaisquer, escolhidas ao acaso, há sempre semelhança e, se se quer, há sempre contiguidade, de sorte que, descobrindo-se uma conexão de contiguidade e de semelhança entre duas representações que se sucedem, de modo algum se explica por que uma evoca a outra. A verdadeira questão está em saber como se opera a seleção entre uma infinidade de lembranças, todas assemelhando-se sob algum aspecto à percepção presente, e por que só uma dentre elas — sobretudo esta e não aquela — emerge à luz de nossa consciência."[79]

---

[78] *Tr.*, 79 [38] (sublinhado por Gilles Deleuze).

[79] Bergson, *Matière et mémoire*, 25ª ed., pp. 178-9. [Édition du Centenaire, Paris, PUF, 1963, p. 303. (N. do T.)]

O mínimo que se pode dizer é que Hume foi o primeiro a pensar nisso. Para ele, a associação de ideias dá efetivamente conta dos [115] *hábitos do pensamento, das noções cotidianas do bom senso, das ideias correntes, dos complexos de ideias que respondem às necessidades mais gerais e mais constantes, e que são comuns a todos os espíritos assim como a todas as línguas.*[80] Em troca, o que ela não explica é a diferença entre um espírito e outro. O curso particular de um espírito deve ser estudado, havendo toda uma casuística a ser feita: por que numa consciência particular, em tal momento, certa percepção evocará sobretudo tal ideia e não outra? A associação de ideias não explica que seja sobretudo esta a evocada e não aquela. Desse ponto de vista, deve-se também definir a relação como "essa circunstância *particular* pela qual julgamos bom comparar duas ideias, *mesmo quando estas acham-se arbitrariamente unidas na imaginação*".[81] Se é verdade que a associação é necessária para tornar possível toda relação em geral, cada relação em particular de modo algum é explicada pela associação. O que dá à relação sua razão suficiente é a *circunstância*.

Essa noção de circunstância aparece constantemente na filosofia de Hume. Ela está no centro da história, torna possível uma ciência do particular, uma psicologia diferencial. Quando Freud e Bergson mostram que a associação das ideias explica apenas o superficial em nós, o formalismo da consciência, eles querem dizer, essencialmente, que somente a afetividade pode justificar o conteúdo singular, o profundo, o particular. Eles têm razão, sem dúvida. Mas Hume nunca disse outra coisa. Ele apenas pensava que o superficial, o formal, *devia também ser explicado*, e que essa tarefa, em certo sentido, era a mais importante. Quanto ao resto, ele invoca a circunstância. E, para ele, esta noção designa sempre a afetividade. É preciso tomar ao pé da letra a ideia segundo a qual a afetividade é questão de circunstâncias. [116] Estas são, exatamente, as variáveis que definem nossas paixões, nossos interesses. Assim compreendido, um conjunto de cir-

---

[80] *Tr.*, 75 [34-5]: "Devemos apenas olhar esse princípio de união como uma força calma que correntemente o leva consigo; é essa a causa que, entre outras coisas, produz a tão estreita correspondência entre as línguas".

[81] *Tr.*, 78 [37] (sublinhado por Gilles Deleuze).

cunstâncias singulariza sempre um sujeito, pois representa um estado de suas paixões e de suas necessidades, uma repartição de seus interesses, uma distribuição de suas crenças e de suas vivacidades.[82] Vê-se, portanto, que os princípios da paixão devem unir-se aos princípios de associação para que o sujeito se constitua no espírito. Se os princípios de associação explicam que as ideias se associam, somente os princípios da paixão podem explicar que sobretudo uma ideia e não outra esteja associada a tal outra ideia em tal momento.

A circunstância não é necessária apenas às relações, mas também às circunstâncias e aos modos, às ideias gerais.

"Uma vez que as ideias individuais são agrupadas e postas sob um termo geral com respeito a essa semelhança que elas sustentam entre si, tal semelhança deve facilitar seu aparecimento na imaginação e fazer com que elas sejam mais facilmente sugeridas na *ocasião* [...] Nada é mais admirável do que a rapidez com que a imaginação sugere suas ideias e as apresenta *no próprio instante em que elas vêm a ser necessárias ou úteis.*"[83]

Vemos, em todos os casos, que o sujeito se apresenta no espírito sob o efeito de duas espécies de princípios conjugados. Tudo se passa como se os princípios de associação dessem ao sujeito sua forma necessária, ao passo que os princípios da paixão dão-lhe seu *[117]* conteúdo singular. Estes últimos funcionam como um princípio de indivi-

---

[82] A respeito do liame entre a circunstância e a crença, e da significação diferencial da própria circunstância, cf. *Tr.*, 159 [113-4]: "Ocorre frequentemente que, quando dois homens foram comprometidos numa ação, um deles recorda-a muito melhor que ou outro, tendo todas as dificuldades do mundo para levar seu companheiro a recordar-se dela. É em vão que ele insiste sobre diversas circunstâncias, mencionando o momento, o lugar, a companhia, o que foi dito, o que foi feito de todas as partes; até o momento, enfim, em que ele toca uma circunstância feliz que ressuscita o todo e dá ao seu amigo uma perfeita memória de todos os detalhes".

[83] *Tr.*, 90 [48] (sublinhado por Gilles Deleuze).

duação do sujeito. Todavia, essa dualidade não significa uma oposição entre singular e universal. Os princípios da paixão não são menos universais e constantes do que os outros: eles definem leis onde as circunstâncias desempenham apenas o papel de variáveis; eles concernem certamente o indivíduo, mas no exato sentido em que uma ciência do indivíduo pode ser feita e se faz. Portanto, no terceiro e último problema que nos resta resolver, temos de nos perguntar qual é a diferença e qual é a unidade desses dois tipos de princípios, unidade que será preciso seguir e destacar a cada etapa de sua ação conjugada. Mas, pelo menos, já podemos pressentir como se manifestará essa unidade no sujeito: se a relação não se separa das circunstâncias, se o sujeito não pode separar-se de um conteúdo singular que lhe é estritamente essencial, é porque, em sua essência, a subjetividade é *prática*. É nas conexões do motivo e da ação, do meio e do fim, que se revelará sua unidade definitiva, isto é, a unidade das próprias relações e das circunstâncias: com efeito, *essas conexões meio-fim, motivo-ação, são relações, mas outra coisa também*. Que não haja e não possa haver subjetividade teórica vem a ser a proposição fundamental do empirismo. E, olhando bem, isso é tão só uma outra maneira de dizer: o sujeito se constitui no dado. Se o sujeito se constitui no dado, somente há, com efeito, sujeito prático.

6.
OS PRINCÍPIOS DA NATUREZA HUMANA
[118]

O atomismo é a teoria das ideias na medida em que as relações são exteriores a elas; o associacionismo é a teoria das relações na medida em que estas são exteriores às ideias, isto é, na medida em que dependem de outras causas. Ora, sob esses dois aspectos, vimos como é preciso desconfiar das objeções sempre feitas ao empirismo de Hume. Todavia, não vamos apresentá-lo como vítima excepcional, como vítima que tenha sofrido mais que ninguém a injustiça de constantes críticas. Todos os grandes filósofos passaram por isso. Em suma, fica-se surpreso ao se considerar o sentido geral das objeções constantemente feitas contra Descartes, Kant, Hegel etc. Digamos que as objeções filosóficas são de dois tipos. Umas, a maior parte, só têm de filosófica o nome. Consistem em criticar uma teoria sem considerar a natureza do problema ao qual ela responde, no qual ela encontra seu fundamento e sua estrutura. Assim, censura-se Hume por ter ele "atomizado" o dado, e acredita-se ter denunciado suficientemente todo um sistema ao se mostrar na sua base uma decisão de Hume em pessoa, um gosto particular de Hume ou do espírito de seu tempo. O que um filósofo *diz* nos é apresentado como se fosse aquilo que ele *faz* ou o que ele *quer*. Apresentam-nos como crítica suficiente da teoria *[119]* uma psicologia fictícia das intenções do teórico. Desse modo, o atomismo e o associacionismo são tratados como projetos sorrateiros que desqualificam de antemão aqueles que lhes dão forma. "Hume pulverizou o dado". Mas, o que se crê explicar com isso? E mais: pode-se acreditar ter dito com isso alguma coisa? Todavia, é preciso compreender o que é uma teoria filosófica a partir do seu conceito; ela não nasce a partir de si mesma e por prazer. Nem mesmo basta dizer que ela é resposta a um conjunto de problemas. Sem dúvida, tal indicação teria pelo menos a vantagem de encontrar a necessidade de uma teoria em uma conexão com algo que lhe possa servir de fundamento, mas tal conexão seria mais científica do que filosófica. De fato, uma teoria filosófica é uma questão desenvolvida, e nada mais do que isso: por si mesma, em si mesma, ela não consiste em resolver um problema, mas em desenvolver *ao extremo* as implicações necessárias de uma questão formulada. Ela nos mostra o que as coisas são, o que é preciso que elas sejam, supondo que a questão seja boa e rigorosa. Colocar em questão significa subordinar, submeter as coisas à questão, de tal modo que, nessa submissão coagida e forçada, as coisas nos revelem uma essência, uma natureza. Criticar a questão significa mostrar em quais condições é ela possível e bem colocada, isto é, mostrar como as coisas não seriam o que são se a questão não fosse essa. Isso quer dizer que essas duas operações são tão somente uma, que consiste sempre em desenvolver necessariamente as implicações de um problema, o que dá um sentido à filosofia como teoria. Em filosofia, a questão e a crítica da questão se unificam; ou, se se prefere, não há crítica de soluções, mas somente uma crítica dos problemas. Por exemplo, em Descartes, se a dúvida é problemática, isso não ocorre simplesmente por ser ela provisória, mas porque é o enunciado, pressionado ao extremo, das condições do problema ao qual o *cogito* responde, ou sobretudo da questão cujas primeiras implicações vai o *cogito* desenvolver. Nesse sentido, vê-se o quanto são nulas [120] em sua maior parte as objeções feitas aos grandes filósofos. É dito a eles: as coisas não são assim. Mas, de fato, não se trata de saber se as coisas são assim ou não; trata-se de saber *se é boa ou não, rigorosa ou não, a questão que as torna assim*. Diz-se a Hume que o dado não é um conjunto de átomos ou que a associação não pode explicar o conteúdo singular de um pensamento. O leitor, então, não tem por que surpreender-se ao encontrar no próprio texto que lê a refutação literal de todas essas objeções, que são, todavia, posteriores. Na verdade, uma só espécie de objeções é válida: a que consiste em mostrar que a questão levantada por tal filósofo não é uma boa questão, que ela não força suficientemente a natureza das coisas, que seria preciso colocá-la de outro modo, que se deveria colocá-la melhor ou levantar uma outra. E é bem dessa maneira que um grande filósofo objeta a um outro: é o caso da crítica de Kant a Hume, por exemplo, como veremos mais tarde. Certamente, sabemos que uma teoria filosófica tem fatores psicológicos e sobretudo sociológicos; mas ainda estes concernem tão somente à própria questão, e tão só para dar-lhe uma motivação, sem nos dizer se é uma questão verdadeira ou falsa. Assim, não temos a escolha das objeções a serem feitas a Hume. Não se trata de dizer: ele pulverizou o dado, ele o atomizou. Trata-se unicamente de saber: a questão que ele levanta é a mais rigorosa? Ora, Hume coloca a questão do sujeito e a situa nos seguintes termos: *o sujeito se constitui no dado*. Ele apresenta as condições de possibilidades, a crítica da questão da seguinte forma: *as relações são exteriores às ideias*. Quanto ao atomismo e ao associacionismo, eles são tão somente as implicações desenvolvidas *dessa* questão. Se se pretende objetar, é ela que é preciso julgar, e não outra coisa: com efeito, nada há além disso.

Não tentaremos emitir um tal juízo; cabe à filosofia fazê-lo, não à história da filosofia. Basta-nos saber que o empirismo é definível, que ele somente se define pela posição de um problema preciso e pela apresentação das condições desse *[121]* problema. Nenhuma outra definição é possível. A definição clássica do empirismo, proposta pela tradição kantiana é a seguinte: teoria segundo a qual o conhecimento não só começa com a experiência como dela deriva. Mas *por que* o empirista diria isso? Em decorrência de qual questão? Sem dúvida, tal definição tem pelo menos a vantagem de evitar um contrassenso: se o empirismo fosse apresentado simplesmente como uma teoria segundo a qual o conhecimento só começa com a experiência, não haveria filosofia e nem filósofos que não fossem empiristas, incluindo Platão e Leibniz. Subsiste o fato de que ela é totalmente insatisfatória: primeiramente, porque o conhecimento não é o mais importante para o empirismo, mas apenas o meio de uma atividade prática; em seguida, porque a experiência não tem para o empirista e para Hume, em particular, esse caráter unívoco e constituinte que se lhe empresta. A experiência tem dois sentidos rigorosamente definidos por Hume, e em nenhum deles é ela constituinte. De acordo com o primeiro sentido, se denominamos experiência a coleção de percepções distintas, devemos reconhecer que as relações não derivam da experiência; elas são o efeito dos princípios de associação, dos princípios da natureza humana, a qual, na experiência, constitui um sujeito capaz de ultrapassar a experiência. E se empregamos a palavra em seu segundo sentido, para designar as diversas conjunções dos objetos no passado, devemos ainda reconhecer que os princípios não vêm da experiência, pois, ao contrário disso, a experiência é que deve ser compreendida como um princípio.[1]

"Considerando bem a questão, a razão é tão só um maravilhoso instinto de nossas almas, que nos leva por uma certa sequência de ideias, dotando-as de qualidades particulares em função de suas situações e de suas relações particulares. Esse instinto, é verdade, nasce da observação passada e da experiência; *mas quem pode dar a razão pela qual é a experiência passada e a observação que produzem esse efeito, [122] e que não é sobretudo a natureza que o produz por si só? A natureza pode certamente produzir tudo o que nasce do hábito; melhor ainda, o hábito é tão só um dos princípios da natureza e ele tira toda sua força dessa origem.*"[2]

Vemos por que Hume não sente interesse algum pelos problemas de gênese, pelos problemas puramente psicológicos. As relações não são o produto de uma gênese, mas o efeito de princípios. A própria gênese é reconduzida aos princípios; é somente o caráter particular de um princípio. O empirismo não é um genesismo; e tanto quanto qualquer outra filosofia ele se opõe ao psicologismo.

Em resumo, parece impossível definir o empirismo como uma teoria segundo a qual o conhecimento deriva da experiência. Já a palavra "dado" convém melhor. Mas, por sua vez, o dado tem dois sentidos: é dada a coleção de ideias, a experiência; mas, nessa coleção, é também dado o sujeito que ultrapassa a experiência, são dadas as relações que não dependem das ideias. Isso quer dizer que o empirismo só se definirá verdadeiramente em um dualismo. A dualidade empírica ocorre entre os termos e as relações, ou mais exatamente entre as causas das percepções e as causas das relações, entre os poderes ocultos da Natureza e os princípios da natureza humana. Considerado sob todas as suas formas possíveis, só esse dualismo pode definir o empiris-

---

[1] *Tr.*, 357 [298].

[2] *Tr.*, 266 [212] (sublinhado por Gilles Deleuze).

mo e apresentá-lo nesta questão fundamental: "como o sujeito se constitui no dado?", sendo o dado o produto dos poderes da Natureza, e sendo o sujeito o produto dos princípios da natureza humana. E quando uma escola se diz empirista, ela só pode fazê-lo legitimamente com a condição de desenvolver pelo menos certas formas dessa dualidade. Frequentemente, as escolas lógicas modernas se dizem legitimamente empiristas porque partem da dualidade das relações e dos termos. Entre as relações e os termos, o sujeito e o dado, os princípios da natureza humana e os poderes da *[123]* Natureza, uma mesma espécie de dualidade se manifesta sob as mais diversas formas. Vê-se, então, qual é o critério do empirismo. Denominar-se-á não-empirista toda teoria segundo a qual, *de uma ou de outra maneira*, as relações decorrem da natureza das coisas.

Essa conexão entre a Natureza e a natureza humana, entre os poderes que estão na origem do dado e os princípios que constituem um sujeito no dado, deverá ser pensado como um acordo. Isso porque o acordo é um fato. O problema desse acordo dá ao empirismo uma verdadeira metafísica. Trata-se do problema da finalidade: qual é o acordo que há entre a coleção de ideias e a associação de ideias, entre a regra da Natureza e a regra das representações, entre a regra da reprodução dos fenômenos na Natureza e a regra da reprodução das representações no espírito? Se dizemos que Kant compreendeu a essência do associacionismo, é porque ele compreendeu o associacionismo a partir desse problema e o criticou a partir das condições desse problema. Eis o texto no qual Kant desenvolve admiravelmente sua crítica:

> "Na verdade, é uma lei *meramente* empírica aquela em virtude da qual representações que frequentemente se seguem ou se acompanham acabam por associar-se entre si e por formar, assim, uma ligação tal que, mesmo sem a presença do objeto, uma delas faz passar o *ânimo* a uma outra, segundo uma regra constante. Mas essa lei da reprodução supõe que os próprios fenômenos estejam realmente submetidos a uma regra desse gênero e que, *no diverso das suas representações, ocorra um acompanhamento ou sequência* em conformidade com certas regras; pois, de ou-

tro modo, nossa *força imaginativa* empírica nada mais teria a fazer que fosse conforme ao seu *poder* e, por conseguinte, permaneceria *afundada no interior do ânimo* como um *poder* morto e desconhecido de nós mesmos. Se o cinabre fosse ora vermelho, ora preto, ora leve, ora pesado [...], minha *força imaginativa* empírica não teria ocasião de receber no pensamento o pesado cinabre com a representação da cor vermelha; ou se uma certa palavra fosse atribuída ora a uma coisa e ora a outra, ou ainda se a mesma coisa fosse chamada ora de um nome ora de outro, sem que houvesse alguma regra à qual os fenômenos já estivessem submetidos por si mesmos, nenhuma síntese empírica da *reprodução* poderia ter ocorrido. É preciso, portanto, que haja algo que possibilite essa *[124]* reprodução dos fenômenos, e que seja o *fundamento a priori* de uma unidade sintética necessária [...]. Se agora pudermos *mostrar* que mesmo as nossas mais puras *intuições a priori* não nos fornecem conhecimento algum, a não ser que contenham tal ligação do *multíplice* — ligação que possibilita uma síntese completa da reprodução, de modo que essa síntese da imaginação está também ela, e anteriormente a toda experiência, fundada sobre princípios *a priori* —, temos de admitir uma síntese transcendental pura da mesma, que fundamenta a possibilidade de toda experiência (a qual pressupõe necessariamente a reprodutibilidade dos fenômenos)."[3]

---

[3] Cf. Kant, *Critique de la raison pure*, 1ª ed., "De la synthèse de la reproduction dans l'imagination", trad. Barni, t. II, p. 293. [Cf. tradução francesa de Jules Barni, Paris, Flammarion, 1944, t. II, p. 316. Respeitando o objetivo da argumentação de Gilles Deleuze, grifei, contudo, alterações da tradução Barni feitas: 1) a partir do seu confronto com o texto kantiano original da primeira edição da KRV (1781, pp. 100-2), em *Kants Werke* — Akademie-Textausgabe, Band IV, Berlim, Walter de Gruyter & Co., 1968, pp. 77-9; 2) a partir do seu confronto com a tradução francesa da *Crítica da razão pura* feita por André Tremesaygues e Bernard Pacaud, Paris, PUF, 1971; 3) a partir de valiosas sugestões do meu caro mestre Fausto Castilho e de sua orientanda em Kant, Luciene Torino. Os equívocos que ainda sobram são de minha exclusiva responsabilidade, é claro. (N. do T.)]

O primeiro interesse desse texto consiste em situar o problema onde e como é preciso fazê-lo: no plano da imaginação. Com efeito, o empirismo é uma filosofia da imaginação, não uma filosofia dos sentidos. Sabemos que a questão: *Como o sujeito se constitui no dado?* significa: como a imaginação devém uma faculdade? Segundo Hume, a imaginação devém uma faculdade quando, sob o efeito de princípios, se constitui uma lei de reprodução de representações, uma síntese da reprodução. Onde começa a crítica de Kant? Em todo caso, Kant não duvida que a imaginação seja efetivamente o melhor terreno sobre o qual se pode colocar o problema do conhecimento. Das três sínteses que distingue, ele próprio apresenta-nos a síntese da imaginação como sendo o fundo das duas outras. Mas o que Kant censura em Hume foi ter este colocado mal o problema sobre esse bom terreno: a própria maneira pela qual Hume colocou a questão, isto é, seu dualismo, obrigava a conceber a conexão entre o dado e o sujeito como um acordo do sujeito com o dado, um acordo da natureza humana com a Natureza. Mas, justamente, se o próprio dado não fosse *de antemão* submetido a princípios do mesmo gênero daqueles que regram a ligação das representações para um sujeito empírico, o sujeito jamais poderia encontrar *esse* acordo, a não ser de uma maneira absolutamente acidental, e nem mesmo teria *[125]* a ocasião de ligar suas representações segundo as regras das quais, todavia, ele teria a faculdade.[4] Para Kant, portanto, é preciso inverter o problema, reportar o dado ao sujeito, conceber o acordo como um acordo do dado com o sujeito, um acordo da Natureza com a natureza do ser racional. Por quê? Porque o dado não é uma coisa em si, mas um conjunto de fenômenos, conjunto

---

[4] Kant, *idem*, p. 300: "Mas essa regra empírica da *associação*, que, todavia, é preciso admitir em toda parte, quando se diz que tudo na série dos acontecimentos está submetido a regras, a tal ponto que jamais ocorre coisa alguma que não tenha sido precedida por outra coisa, à qual ela segue sempre, uma tal regra, pergunto, considerada como uma lei da natureza, sobre o que repousa ela? E como essa associação é ela mesma possível? O princípio da possibilidade da associação dos elementos diversos, na medida em que essa diversidade reside no objeto, denomina-se *infinidade* do diverso. Pergunto, pois, como tornais compreensível a completa afinidade dos fenômenos (por meio da qual estão e *devem* estar submetidos a leis constantes)". [Cf. *CRP*, 2ª ed., tradução francesa de Tremesaygues e Pacaud, *op. cit.*, pp. 126-7.]

que só pode ser apresentado como uma Natureza por uma síntese *a priori*, a qual torna possível uma regra das representações na imaginação empírica, mas com a condição de constituir, primeiramente, uma regra dos fenômenos nessa própria Natureza. Assim, em Kant, as relações dependem da natureza das coisas no sentido de que, como fenômenos, as coisas supõem uma síntese cuja fonte é a mesma que a das relações. Eis por que o criticismo não é um empirismo. As implicações do problema assim invertido são as seguintes: há o *a priori*, isto é, deve-se reconhecer uma imaginação produtiva, uma atividade transcendental.[5] A transcendência era o fato empírico; o transcendental é o que torna a transcendência imanente a algo = x.[6] Ou, o que dá na mesma, *algo no pensamento ultrapassará a imaginação sem poder prescindir dela*: a síntese [126] *a priori* da imaginação remete-nos a uma unidade sintética da apercepção que a encerra.[7]

Retornemos, pois, à questão que Hume colocou, tal como ele a colocou e tal como podemos agora melhor compreendê-la: como pode ser ela desenvolvida? Em Hume, como em Kant, os princípios do conhecimento não derivam da experiência. Mas, em Hume, nada no pensamento ultrapassa a imaginação, nada é transcendental, pois esses princípios são apenas princípios de *nossa* natureza, pois eles tornam possível uma experiência sem que ao mesmo tempo tornem necessários objetos para essa própria experiência. Um só recurso permitirá a Hume apresentar o acordo da natureza humana com a Natureza co-

---

[5] Kant, *idem*, p. 307. "Portanto, a imaginação é também uma faculdade de síntese *a priori*, o que nos leva a dar-lhe o nome de imaginação produtiva; e na medida em que ela, em relação a tudo que o fenômeno contém de diverso, tem como objetivo tão só a unidade necessária na síntese desse fenômeno, ela pode ser denominada função transcendental da imaginação". [Cf. *CRP*, 2ª ed., tradução francesa acima referida, p. 138.]

[6] Cf. *Réalisme empirique et idéalisme transcendantal*. [Cf. *CRP*, 4º paralogismo.]

[7] Kant, *idem*, p. 304: "Essa unidade sintética supõe uma síntese ou a encerra; e, se a primeira deve necessariamente ser *a priori*, a segunda também deve ser uma síntese *a priori*. A unidade transcendental da apercepção se reporta, pois, à síntese pura da imaginação como a uma condição *a priori* da possibilidade de toda reunião dos elementos diversos em um mesmo conhecimento". [*CRP*, 2ª ed., tradução francesa referida, p. 132.]

mo algo distinto de um acordo acidental, indeterminado, contingente: a finalidade.

Se a finalidade, isto é, o acordo do sujeito com o dado, com os poderes do dado, com a Natureza, se nos apresenta sob tantas expressões diferentes, é porque cada uma dessas expressões corresponde a um momento do sujeito, a uma etapa, a uma dimensão. O problema prático de um liame dos diversos momentos de uma subjetividade deve preceder a afirmação da finalidade, porque ele a condiciona. Precisaremos, portanto, recapitular os momentos da ação geral dos princípios no espírito e, para cada um desses momentos, procurar a unidade dos princípios de associação e dos princípios da paixão, unidade que confere ao sujeito suas estruturas sucessivas. O sujeito deve ser comparado à ressonância, à repercussão cada vez mais profunda dos princípios na espessura do espírito.

[127] "Se considerarmos os espírito humano, veremos que ele não tem, a respeito das paixões, a natureza de um instrumento de sopro que, passando por todas as notas, perde imediatamente o som assim que cessa o sopro; ele se assemelha mais a um instrumento de percussão, no qual, após cada batida, as vibrações ainda conservam o som, que morre gradual e insensivelmente."[8]

O que devemos primeiramente esclarecer é que o sujeito, sendo o efeito dos princípios no espírito, é tão somente o espírito como tendo sido *ativado*. Não se trata de perguntar se em Hume o sujeito é ativo ou passivo. A alternativa é falsa. Se a mantivéssemos, teríamos de insistir muito mais na passividade do que na atividade do sujeito, pois ele é o efeito dos princípios. O sujeito é o espírito ativado pelos princípios: essa noção de ativação ultrapassa a alternativa. À medida que os princípios mergulham seu efeito na espessura do espírito, o sujeito, que é esse próprio efeito, devém cada vez mais ativo, cada vez menos passivo. Ele era passivo no início, é ativo no fim. Isso nos con-

[8] *Tr.*, 552 [476].

firma na ideia de que a subjetividade é um processo, e que é preciso fazer o inventário dos diversos momentos desse processo. Para falar como Bergson, digamos que o sujeito é primeiramente uma marca, uma impressão deixada pelos princípios, mas que se converte progressivamente em uma máquina capaz de utilizar essa impressão.

É preciso começar pela impressão pura e partir dos princípios. Os princípios, diz Hume, agem no espírito. Qual é essa ação? A resposta é sem ambiguidade: o efeito do princípio é sempre uma impressão de reflexão. A subjetividade será, portanto, impressão de reflexão, e nada além disso. Todavia, quando Hume define a impressão de reflexão, ele diz que ela *procede* de *certas* impressões de sensação.[9] Porém, as impressões de sensação são impotentes justamente para explicar essa procedência, esse processo; *[128] elas nem mesmo podem explicar por que, na coleção, são elas próprias escolhidas entre outras e mais do que outras*. "Certas" impressões de sensação, portanto, são chamadas a ser aquilo de que procedem as impressões de reflexão, mas chamadas por quê? Para que impressões contíguas, impressões semelhantes, por exemplo, sejam escolhidas, é ainda preciso que a contiguidade e a semelhança sejam princípios. Para que impressões de reflexão procedam de certas impressões de sensação, é preciso que o espírito tenha faculdades talhadas de uma maneira conveniente, é preciso que ele tenha uma constituição que ele não possui por si mesmo, é preciso que ele tenha uma natureza.[10] Assim, o princípio se insere entre o espírito e o sujeito, entre *certas* impressões de sensação e *as* impressões de reflexão, fazendo de modo a que estas procedam daquelas. Ele é a regra do processo, o elemento constituinte da constituição do sujeito no espírito, o princípio de sua natureza. Vê-se, portanto, que há duas maneiras de definir o princípio: ele elege na coleção, escolhe, designa, convoca certas impressões de sensação entre as outras; fazendo isso, ele constitui impressões de reflexão em ligação com essas impressões eleitas. Portanto, ele desempenha dois papéis ao mesmo tempo: papel seletivo e papel constituinte. De acordo com o primeiro papel, os princípios da paixão são aqueles que escolhem as

---

[9] *Tr.*, 373-4 [310].
[10] *Tr.*, 105 [63].

impressões de prazer e de dor;[11] os princípios de associação, por sua vez, escolhem as percepções que devem se unir em um complexo.[12] Determinando o processo das impressões de reflexão, os princípios não desenvolvem virtualidades contidas nas impressões de sensação; estas não contêm virtualidade alguma. São os próprios princípios que produzem e fazem as impressões de reflexão; simplesmente, eles as fazem de tal modo que elas estejam em relação com *certas* impressões de sensação.

[129] Portanto, o papel do princípio em geral é designar impressões de sensação e, ao mesmo tempo, produzir a partir delas uma impressão de reflexão. Qual é a lista dos princípios? Sendo leis para a natureza humana e tornando possível uma ciência do homem, eles são forçosamente pouco numerosos.[13] Por outro lado, não temos de justificar seu número exato, nem sua particular natureza; tampouco Kant explicará o número e a espécie das categorias. Numa palavra, a lista apresenta-nos um fato. Partamos dos princípios de associação. Hume distingue três deles: contiguidade, semelhança e causalidade. E a associação, *primeiramente*, tem três efeitos: ideias gerais, substâncias, relações naturais. Nesses três casos, o efeito consiste numa impressão de reflexão, numa paixão, paixão calma, determinação que o espírito sofre, o que Hume denomina tendência, costume, facilidade, disposição. Essa impressão de reflexão no espírito é constituída pelo princípio como procedente da impressão de sensação. No caso da ideia geral, por exemplo: o princípio de semelhança designa semelhantes certas ideias, tornando possível seu agrupamento sob um mesmo nome; a partir desse nome, e conjuntamente a tal ideia do grupo, ideia particular suscitada pelo nome, ele produz um costume, uma potência,

---

[11] *Tr.*, 374-5 [310-1].

[12] *Tr.*, 78 [37].

[13] *Tr.*, 380 [316]: "Vemos que no curso da natureza, apesar da multiplicidade dos efeitos, os princípios dos quais estes nascem são correntemente pouco numerosos e simples, e que, para um físico, é signo de inabilidade recorrer a uma qualidade diferente para explicar cada operação diferente. E a que ponto deve ser verdadeira essa regra em se tratando do espírito humano! Pois este é um sujeito tão limitado que se pode com razão pensá-lo incapaz de conter essa quantidade monstruosa de princípios [...]".

um poder de evocar qualquer outra ideia particular do mesmo grupo, uma impressão de reflexão.[14] No caso das substâncias, os princípios de contiguidade e de causalidade ainda agrupam certas ideias; e se descobrimos uma nova ideia que esteja ligada por esses mesmos princípios às precedentes, somos determinados a compreendê-la no grupo, *[130]* como se ela fizesse parte dele desde sempre.[15] No caso das relações naturais, cada um dos três princípios designa enfim certas ideias e produz uma transição fácil de umas às outras.

É verdade que é quase sempre mais difícil compreender a ação dos princípios. Primeiramente, eles têm outros efeitos que não estudamos ainda e que duplicam os precedentes. São as ideias abstratas, os modos e as relações filosóficas. Com respeito às ideias abstratas, a dificuldade não é grande, sem dúvida, porque a única diferença delas com as ideias gerais está em que, no seu caso, duas semelhanças intervêm e são distintamente apreendidas.[16] O problema, portanto, é o dos modos e das relações filosóficas. E estas estão para as relações naturais assim como os modos estão para as substâncias. Tudo se passa, então, como se os princípios de associação abandonassem seu primeiro papel, seu papel *seletivo*, como se algo distinto desses princípios assumisse esse papel e designasse, escolhesse, as impressões de sensação convenientes. "Esse algo distinto" é a afetividade, a circunstância. Assim, a relação filosófica distingue-se da relação natural precisamente porque ela se forma fora dos limites da seleção natural, procedendo a impressão de reflexão de ideias que estão arbitrariamente unidas na imaginação e que só julgamos bom comparar em virtude de uma circunstância particular.[17] Nos modos, igualmente, as impressões de sensação, as ideias das quais a impressão de reflexão procede já não são unidas pela contiguidade e pela causalidade, mas estão "dispersas em diferentes sujeitos"; ou, pelo menos, a contiguidade e a causalidade não são mais consideradas aí como "o fundamento da ideia complexa".

---

[14] *Tr.*, 86-7 [45].
[15] *Tr.*, 81-2 [40-1].
[16] *Tr.*, 92 [49].
[17] *Tr.*, 78 [37].

[131] "A ideia de uma dança é um exemplo do primeiro gênero de modos; a ideia de beleza é um exemplo do segundo."[18]

Em suma, vê-se que o princípio de associação se reduz ao seu segundo papel, ao seu papel *constituinte*, ao passo que a circunstância ou a afetividade detém o primeiro papel.

Finalmente, é preciso reservar um lugar à parte para a causalidade. Hume nos apresenta a crença como dependente de dois princípios: a experiência e o hábito.[19] Que vêm eles fazer na lista? Para compreender isso, é preciso lembrar que o princípio de causalidade não tem apenas como efeito uma relação, mas uma inferência segundo a relação. A causalidade é a única relação segundo a qual há uma inferência. Paradoxalmente, o que aqui devemos denominar relação natural é a inferência *segundo* a relação. Eis por que Hume diz que, estudando-se a inferência antes de haver explicado a relação, só aparentemente inverteu-se a ordem normal.[20] Mas, se é verdade que a natureza da relação, como relação natural, depende da natureza da inferência, não é menos verdadeiro que a inferência é conforme à relação, isto é, que a relação natural supõe a relação filosófica em um sentido: é *como consequência de* sua constante conjunção na experiência que os objetos se unem necessariamente na imaginação.[21] A situação particular da causalidade basta para nos convencer de que, sob essa categoria, a relação natural e a relação filosófica não se distribuem tão facilmente quanto no caso precedente. Com efeito, agora tudo se passa como se cada um dos dois *[132]* papéis do princípio se encarnasse em

---

[18] *Tr.*, 82 [41].

[19] *Tr.*, 357 [296-7].

[20] *Tr.*, 256 [203]: "A ordem que seguimos, a de primeiramente examinar nossa inferência antes de termos explicado a própria relação, não teria sido desculpável se tivesse sido possível proceder de acordo com um método diferente. Mas, como a natureza da relação depende a esse ponto da natureza da inferência, fomos obrigados a progredir dessa maneira aparentemente inversa e a empregar termos antes de sermos capazes de defini-los exatamente e de fixar seu sentido".

[21] *Tr.*, 168 [122].

um princípio diferente. O princípio de experiência é seletivo: ele apresenta ou designa uma

"repetição de objetos semelhantes em uma semelhante repetição de sucessão e de contiguidade."[22]

Eis aí o que é a causalidade como relação filosófica: o efeito da experiência nem mesmo é uma impressão de reflexão, sendo puramente seletivo o princípio. Em troca, o que é constituinte, mas apenas em seguida, é o princípio do hábito: ele tem por efeito uma relação natural, uma impressão de reflexão, que é a espera ou a crença. Passando-se da relação à inferência, da relação filosófica à relação natural, muda-se de plano: precisamos de algum modo voltar a partir de zero, prontificando-nos a recuperar nesse outro plano, mas enriquecido, o conjunto dos resultados adquiridos precedentemente.[23] A causalidade será sempre definida de duas maneiras conjugadas,

"seja como uma relação filosófica, seja como uma relação natural, seja como a comparação de duas ideias, seja como uma associação que as une."[24]

A dificuldade toda, portanto, é a seguinte: como os dois aspectos do princípio se encarnaram em dois princípios distintos, o segundo aspecto segue sempre o primeiro, mas já não depende dele. E o hábito, com efeito, pode criar para si um equivalente de experiência, invocar repetições fictícias que o tornam independente do real.

De todas as maneiras, o sentido dos princípios de associação é o seguinte: constituir uma impressão de reflexão a partir de impressões de sensação designadas. *O sentido dos princípios da paixão é o mesmo.* [133] Sua diferença é que as impressões escolhidas são prazeres e

---

[22] *Tr.*, 250 [197].

[23] *Tr.*, 150 [106]: "Precisamos abandonar o exame direto dessa questão da natureza da conexão necessária, que entra em nossa ideia de causalidade, e tentar descobrir outras questões cujo estudo talvez nos trará uma sugestão suscetível de esclarecer a dificuldade atual".

[24] *Tr.*, 256 [203].

dores; porém, a partir dos prazeres e das dores, o princípio atua ainda como um "impulso natural", como um "instinto" que produz uma impressão de reflexão. Notamos, todavia, exceção nova: há paixões que nascem de seus princípios sem que estes lhes façam proceder de dores ou de prazeres prévios. É este o caso das necessidades propriamente fisiológicas, fome, a sede e o desejo sexual:

> "Essas paixões, propriamente falando, produzem o bem e o mal, e não procedem deles, como as outras paixões."[25]

Dito isso, Hume distingue dois tipos de paixões: "Por paixões diretas, entendo aquelas que nascem imediatamente do bem e do mal, da dor e do prazer. Por paixões indiretas, aquelas que procedem dos mesmos princípios, mas por conjunção de outras qualidades".[26] Nesse sentido, seja ela qual for, uma paixão tem sempre uma causa, uma ideia que a excita, uma impressão da qual ela procede, prazer ou dor *distintos* da própria paixão. Seja qual for, ela consiste sempre em uma impressão de reflexão, em uma emoção particular, agradável ou desagradável, que procede dessa dor ou desse prazer distinto. Mas, a partir daí, apresentam-se dois casos, duas espécies de impressões de reflexão, dois tipos de emoções: umas levam o espírito a voltar-se para o bem ou para o mal, para o prazer ou a dor das quais procedem; outras levam o espírito a voltar-se para a ideia de um objeto que elas produzem.[27] Tem-se aí dois tipos de princípios, dois tipos de impressões de reflexão. Ora o princípio da paixão é um "instinto primitivo", pelo qual o espírito comovido tende a unir-se ao bem e a evitar o mal,[28] ora uma organização natural *[134]* que consigna a tal emoção produzida uma certa ideia "que a emoção nunca deixa de produzir".[29] Distinguem-se assim as paixões diretas e as paixões in-

[25] *Tr.*, 551 [475].
[26] *Tr.*, 375 [311].
[27] *Tr.*, 377 [312-3].
[28] *Tr.*, 550 [474].
[29] *Tr.*, 386 [321].

diretas. Portanto, encontram-se tantas paixões diretas quantos são os modos de existência do bem e do mal dos quais elas procedem: quando o bem e o mal são certos, há alegria ou tristeza; quando são incertos, há esperança ou temor; quando são apenas considerados, há desejo ou aversão; quando eles dependem de nós, há vontade.[30] Distinguem-se tantas paixões indiretas quantas são as emoções que produzem a ideia de um objeto. Dois pares são fundamentais: o orgulho e a humildade, quando a emoção agradável ou desagradável produz a ideia do eu; o amor e o ódio, quando ela produz a ideia de uma outra pessoa.

Por que essas últimas paixões são ditas indiretas? É que, na medida em que a impressão de reflexão produz uma ideia, é necessário que a impressão de sensação da qual ela procede nasça de um objeto ligado a essa ideia. Para que haja orgulho, é preciso que o prazer do qual procede a paixão encontre sua fonte em um objeto que nos esteja unido.

"É a beleza ou a feiura de nossa pessoa, de nossas casas, de nossos trajes ou de nosso mobiliário que nos torna vaidosos ou humildes. As mesmas qualidades transferidas a sujeitos que não têm relação conosco não exercem a menor influência sobre uma ou outras dessas afecções."[31]

É nesse sentido que as paixões indiretas procedem do bem e do mal, "mas por conjunção de outras qualidades": é preciso que uma relação de ideia se junte à relação de impressões. No orgulho, "a qualidade que opera sobre a paixão produz à parte uma impressão que se lhe assemelha; o sujeito ao qual a qualidade é inerente está ligado ao eu, objeto da paixão".[32] Os princípios da paixão indireta *[135]* só podem produzir seu efeito estando secundados pelos princípios de associação, pela contiguidade e pela causalidade, pelo menos.[33]

---

[30] *Tr.*, 550 [474-5].

[31] *Tr.*, 384-5 [320].

[32] *Tr.*, 389 [324].

[33] *Tr.*, 404-5 [339].

Sem dúvida, é claro que as paixões diretas e indiretas não se excluem; seus respectivos princípios se combinam:

> "Se se admite que haja uma impressão de dor ou de prazer, e que essa impressão nasça de um objeto ligado a nós mesmos ou a outros, essa relação não impede que haja inclinação ou aversão e nem as emoções que dela resultam, mas, por combinação com certos princípios latentes do espírito humano, ela desperta as novas impressões de orgulho ou de humildade, de amor ou de ódio. A inclinação que nos une ao objeto ou que dele nos separa continua a atuar sempre, mas conjuntamente com as paixões indiretas que nascem de uma dupla relação de impressões e de ideias."[34]

Mas a originalidade imediata da teoria de Hume está em ter apresentado como dualidade a diferença das paixões indiretas e diretas, em ter feito dessa própria dualidade um método de estudo da paixão em geral, em vez de compreender ou de engendrar umas a partir de outras.

A originalidade da teoria das paixões, em Hume, está em apresentar a paixão não como um movimento primeiro, como uma força primeira cuja complicação crescente o filósofo deveria seguir, *more geometrico*, à medida que interviessem outros fatores (a representação do objeto, a imaginação, a concorrência dos homens etc.), mas como um movimento simples em si mesmo, mas que o filósofo, todavia, à maneira do físico, considera como um composto constituído de duas partes distintas. Não se trata de uma dedução lógica ou matemática das paixões, mas de uma decomposição física da paixão, do movimento passional. Porém, de modo mais geral, o entendimento e a paixão, por sua vez, não eram produtos de decomposição, de divisão de um movimento já simples?

[136] "A natureza humana se compõe de duas partes principais, necessárias para todas as suas ações: afecções e entendimento; e, certamente, os movimentos cegos das pri-

---

[34] *Tr.*, 550 [474].

meiras, se o segundo não as dirige, tornam o homem impróprio para a sociedade, de modo que podemos nos permitir considerar à parte os efeitos que resultam das operações separadas dessas duas partes que compõem o espírito. Podemos permitir a mesma liberdade tanto aos filósofos morais quanto aos filósofos da natureza: estes adotam habitualmente o procedimento de considerar um movimento como composto e como consistindo de duas partes distintas uma da outra, mas reconhecendo no mesmo momento, contudo, que ele é em si mesmo não composto e indivisível."[35]

Toda a filosofia de Hume, e o empirismo em geral, é um "fisicalismo". Com efeito, há de se encontrar um uso *plenamente* físico para princípios cuja natureza é *somente* física. Como Kant observa, os princípios, em Hume, têm uma natureza exclusivamente física, empírica. Não queríamos dizer outra coisa quando definíamos o problema empírico em oposição a uma dedução transcendental e, também, a uma gênese psicológica. Na questão do empirismo ("como o sujeito se constitui no dado?"), devemos distinguir duas coisas: de uma parte, é afirmada a necessidade de recorrer a princípios para compreender a subjetividade; porém, de outra parte, é deixado de lado o acordo dos princípios com esse dado no qual eles constituem o sujeito, de modo que os princípios da experiência não são princípios para objetos da experiência, não garantem a reprodução dos objetos na experiência. Um tal situação dos princípios só seria possível, evidentemente, se se encontrasse para eles um uso igualmente físico e que fosse necessário em função da questão colocada. Agora, esse uso físico está bem determinado. A natureza humana é o espírito transformado; mas essa transformação será apreendida como indivisível quanto ao espírito que a sofre, pois ele funciona, então, como um todo, e, ao contrário, será apreendida como decomponível quanto aos *[137]* princípios que a produzem ou dos quais ela é o efeito. Enfim, podemos apresentar o complemento dessa mesma ideia: o sujeito é o espírito ati-

---

[35] *Tr.*, 611 [533-4].

vado; mas essa ativação será apreendida como passividade do espírito quanto aos princípios que a produzem e como atividade quanto ao espírito que a sofre.

O sujeito se decompõe, portanto, em tantos traços quantos são aqueles que os princípios deixam no espírito. O sujeito se decompõe em impressões de reflexão, em impressões deixadas pelos princípios. Nem por isso é menos certo que, quanto ao espírito cuja transformação os princípios operam em conjunto, o próprio sujeito seja indivisível, indecomponível, ativo e global. Além disso, para conciliar os dois pontos de vista, não basta que os princípios tenham uma ação paralela, não basta mostrar que eles têm um traço comum, como o de constituir uma impressão de reflexão a partir de impressões de sensação. Ademais, nem sequer basta mostrar que eles se impliquem uns aos outros, que eles se suponham reciprocamente sob aspectos diferentes. É preciso que uns sejam finalmente e absolutamente subordinados aos outros. Os elementos da decomposição não podem ter o mesmo valor: há sempre uma parte direita, uma parte esquerda. Sabemos qual é a resposta de Hume sobre esse ponto: as relações encontram sua direção, seu sentido na paixão; a associação supõe projetos, objetivos, intenções, ocasiões, toda uma vida prática, uma afetividade. *E se a paixão pode, segundo as circunstâncias particulares e as necessidades do momento, substituir os princípios de associação em seu primeiro papel, se ela pode assumir seu papel seletivo, é porque os princípios só selecionam as impressões de sensação estando já submetidos por si mesmos às necessidades da vida prática, às necessidades mais gerais, mais constantes.* Em resumo, os princípios da paixão são absolutamente primeiros. Entre a associação e a paixão, há a mesma conexão que entre o possível e o real, uma vez dito que o real precede o possível: a associação dá ao sujeito uma estrutura possível; só a paixão lhe dá um ser, uma existência. É em sua conexão com a paixão [138] que a associação encontra seu sentido, seu destino. É preciso não esquecer que a crença, em Hume, é literalmente *em prol* da simpatia e a causalidade é *em prol* da propriedade. Fala-se frequentemente de uma crítica das relações em Hume; apresentam-nos a teoria do entendimento como uma crítica das relações. Na verdade, *não é a relação que se encontra submetida à crítica, mas a representação, a respeito da qual Hume nos mostra que ela não pode ser um critério para as próprias relações. Estas não são o objeto de uma representação, mas os meios de uma atividade.* A mesma crítica que retira a relação da representação, transfere-a à prática. O que é denunciada, criticada, é a ideia de que o sujeito possa ser um sujeito cognoscente. O associacionismo é pelo utilitarismo. A associação das ideias não define um sujeito cognoscente, mas, ao contrário, um conjunto de meios possíveis para um sujeito prático, cujos fins reais são todos eles de ordem passional, moral, política, econômica. Desse modo, essa subordinação da associação à paixão já manifesta, na própria natureza humana, uma espécie de finalidade secundária que nos prepara para o problema da finalidade primária, para o acordo da natureza humana com a Natureza.

CONCLUSÃO:
A FINALIDADE
[139]

Segundo sua natureza, os princípios fixam o espírito de duas maneiras muito diferentes. Os princípios de associação estabelecem relações naturais entre as ideias. Eles formam no espírito toda uma rede, como uma canalização: não é por acaso que se passa de uma ideia a outra; uma ideia introduz naturalmente uma outra de acordo com um princípio, sendo naturalmente acompanhada por outra. Em resumo, sob essa influência, a imaginação deveio razão, a fantasia encontrou uma constância. Vimos tudo isso. Mas Hume faz uma observação importante: se o espírito fosse fixado apenas dessa maneira, não haveria, jamais teria havido moral. É esse o primeiro argumento que nos mostrará que a moral não deriva da razão. Com efeito, é preciso não confundir a relação e o sentido. As relações estabelecem entre as ideias um movimento, mas de vaivém, de tal modo que uma ideia não conduz a uma outra sem que a outra, de direito, conduza à primeira: o movimento ocorre nos dois sentidos. Sendo exteriores aos seus termos, como poderiam as relações determinar a prioridade de um termo sobre o outro, a subordinação de um ao outro? É evidente que a ação não supõe um tal equívoco: ela demanda um ponto de partida, uma origem, algo que seja também para ela um fim, algo para além do qual não se teria de remontar. Por si mesmas, as relações se contentariam em tornar a ação eternamente possível, mas sem que uma ação jamais *[140]* se efetuasse. Só há ação pelo sentido. E a moral é como a ação: é pelo sentido que ela escapa às relações. É a mesma coisa, moralmente, ser mau a quem me fez bem e ser bom a quem me fez mal?[1] Reconhecer que não é a mesma coisa, ao passo que se trata da mesma relação de contrariedade, já é reconhecer uma diferença radical entre a

---

[1] *EPM*, 148

moral e a razão. Dir-se-á que, entre todas as relações, a causalidade já contém um princípio de irreversibilidade em uma síntese do tempo. Isso é exato, sem dúvida, motivo pelo qual é ela privilegiada entre todas as relações; porém, a questão toda está em saber qual é o efeito *que me interessa* e cuja causa vou buscar.

"Poderia não interessar-nos absolutamente nada saber que tais objetos são causas e que tais outros são efeitos, se as causas e os efeitos nos fossem igualmente indiferentes."[2]

É preciso, portanto, que o espírito seja fixado de outra maneira. Desta vez, os princípios da paixão designam certas impressões que ele, o espírito, constitui como fins de nossa atividade. Já não se trata, literalmente, de cercar o espírito com liames, de atar o espírito, mas de cravá-lo. Já não se trata de relações fixas, mas de centros de fixações. Há no próprio espírito impressões que denominamos prazeres e dores. Mas que o prazer seja um bem e a dor seja um mal, que tendamos ao prazer e repilamos a dor, eis o que não está contido na própria dor e no próprio prazer, eis a operação dos princípios. É esse o fato primeiro, para além do qual não se tem de remontar:

"Se levais mais longe vossas questões e desejais conhecer a razão pela qual um homem odeie a dor, é impossível que ele possa jamais dar-vos uma. É um fim último que nunca se reporta a um outro objeto."[3]

[141] Ao fazer do prazer um fim, os princípios da paixão dão à ação seu princípio, fazem da perspectiva do prazer um motivo de nossa ação.[4] Vê-se, portanto, o liame da ação e da relação. A essência da ação está na conexão meio-fim. Agir é agenciar meios para realizar um fim. E essa conexão é coisa bem distinta de uma relação. Sem dúvida,

---

[2] *Tr.*, 524 [450].
[3] *EPM*, 154.
[4] *Tr.*, 523 [450].

ela contém a relação causal: todo meio é uma causa, todo fim é um efeito. A causalidade goza de um privilégio considerável sobre as outras relações:

> "Um comerciante deseja conhecer o montante total de suas contas com uma pessoa; por que, senão para saber que soma terá os mesmos efeitos, para pagar sua dívida e ir ao mercado, que todos os artigos em particular tomados em conjunto? Um raciocínio abstrato ou demonstrativo jamais influencia, portanto, quaisquer de nossas ações, servindo tão só para dirigir nosso juízo a respeito das causas dos efeitos."[5]

Mas, para que uma causa possa ser considerada como meio, é ainda preciso que nos interesse o efeito que ela produz, ou seja, é preciso, primeiramente, que coloquemos a ideia do efeito como fim de nossa ação. O meio transborda a causa; é preciso que o efeito que ela produz seja considerado como um bem, é preciso que o sujeito que a emprega tenha uma tendência a unir-se a ele. A conexão entre o meio e o fim não é uma simples causalidade, mas uma utilidade, definindo-se o útil pela sua apropriação, pela sua disposição "a promover um bem". Uma causa só é um meio para um sujeito que tende a unir-se ao efeito.

Ora, que são essas tendências subjetivas a unir-se a bens, a promover bens? São efeitos dos princípios da afetividade, são impressões de reflexão, paixões. Do mesmo modo, o que é útil não é apenas tal ou qual causa considerada com respeito a tal ou qual efeito posto como um bem, mas também tal ou qual tendência a promover esse bem, tal ou qual qualidade agora [142] considerada com respeito às circunstâncias que estão em acordo com ela. Isso por que há duas maneiras de considerar as qualidades humanas, cólera, prudência, audácia, discrição etc.: genericamente, como respostas universais possíveis a circunstâncias dadas; diferencialmente, como traços de caráter dados, que entram em acordo ou não com as circunstâncias

---

[5] *Tr.*, 523 [449-50].

possíveis.[6] É deste último ponto de vista que um traço de caráter é útil ou nocivo.

> "O melhor caráter, na verdade, se não fosse demasiado perfeito para a natureza humana, é aquele que não é governado por tipo algum de humor, e que usa um após outro o espírito de empreendimento e o de prudência, conforme um ou outro seja útil ao desígnio particular que ele persegue [...] Fábio, diz Maquiavel, era prudente; Cipião era empreendedor; um e outro tiveram sucesso porque a situação dos negócios romanos estava particularmente adaptada, sob o comando de cada um deles, ao gênio próprio de um e de outro. Mas teriam ambos fracassado se as situações tivessem sido invertidas. Feliz aquele com cujo caráter as circunstâncias estão em acordo; porém, mais excelente é aquele que pode levar seu caráter a entrar em acordo com não importa qual circunstância."[7]

Designando a conexão entre meio e fim, a utilidade designa também a conexão entre a individualidade e a situação histórica. O utilitarismo é uma avaliação do ato histórico tanto quanto uma teoria da ação técnica. O que denominamos útil não são apenas as coisas, mas as paixões, os sentimentos, as qualidades próprias. Além disso, nosso juízo moral não incide sobre a utilidade das coisas, mas, e de certa maneira a ser ainda determinada, sobre a utilidade das qualidades próprias.[8] E aí está o segundo argumento em virtude do qual a moral, como norma da ação, não se circunscreve à razão. A razão tem certamente um duplo papel. Ela nos leva a conhecer as causas e os efeitos, ela nos diz se "escolhemos os meios pertinentes para obter o fim projetado"; mas é ainda preciso que um fim seja projetado.[9] Por outro *[143]* lado, cabe à razão fazer-nos conhecer e discernir todas as

---

[6] *EPM*, 108.
[7] *EPM*, 93.
[8] *EPM*, 68.
[9] *Tr.*, 525 [452].

circunstâncias; mas o sentimento que se produz em função do todo das circunstâncias depende de uma "constituição natural do espírito". Diz Hume:

> "é preciso, necessariamente, que um sentimento se manifeste aqui para nos fazer preferir as tendências úteis às tendências nocivas."[10]

Não é por acaso que a moral tem o direito de falar sobre temas a respeito dos quais a razão nada tem a dizer. Como ela fala? Que discurso mantém ela sobre os fins e sobre os caracteres? Não o conhecemos ainda, mas sabemos pelo menos que "a razão, que é fria e desinteressada, não é um motivo para a ação; ela tão somente dirige o impulso recebido do apetite ou da inclinação, mostrando-nos o meio de alcançar a felicidade ou de evitar a infelicidade; o gosto dá prazer e também a dor, engendrando, assim, a felicidade e a infelicidade; desse modo, ele devém um motivo da ação; ele é a primeira mola, a primeira impulsão do desejo e da vontade".[11]

Nossa primeira conclusão deve ser, portanto, a seguinte: os princípios conjugados fazem do próprio espírito um sujeito, fazem da fantasia uma natureza humana; eles estabelecem um sujeito no dado. Com efeito, um espírito provido de fins e de relações, e de relações que respondem a esses fins, é um sujeito. Eis, entretanto, a dificuldade: o sujeito é constituído no dado pelos princípios, mas como a instância que ultrapassa esse mesmo dado. O sujeito é o efeito dos princípios no espírito, mas é o espírito que devém sujeito, é ele que se ultrapassa em última instância. Em resumo, é preciso compreender, ao mesmo tempo, que o sujeito é *constituído pelos princípios* e *fundado sobre a fantasia*. Hume, ele próprio, nos diz isso a propósito do conhecimento:

> "A memória, os sentidos e o entendimento estão todos fundados sobre a imaginação."

---

[10] *EPM*, 146.
[11] *EPM*, 155.

[144] Devindo sujeito, que faz o espírito? Ele "*atenta* a certas ideias mais do que a outras". Ultrapassar não quer dizer outra coisa. E se o espírito pode "avivar", é porque os princípios o fixam, sem dúvida, estabelecendo relações entre as ideias, e porque eles o ativam, no sentido de que dão à vivacidade da impressão leis de comunicação, de distribuição, de repartição; com efeito, *uma relação entre duas ideias é também a qualidade pela qual uma impressão comunica à ideia algo de sua vivacidade*.[12] Acontece, porém, que essa vivacidade não é, *em si mesma*, um produto dos princípios; ela é, como caráter da impressão, o bem e o dado da fantasia, seu dado irredutível e imediato, pois ela é a origem do espírito.

No domínio do conhecimento, procuramos então uma fórmula da atividade do espírito quando ele devém sujeito, fórmula que convenha a todos os efeitos da associação. Hume no-la dá: ultrapassar é sempre ir do conhecido ao desconhecido.[13] A esse procedimento damos o nome de esquematismo do espírito (regras gerais). A essência desse esquematismo é ser ele extensivo. Todo conhecimento, com efeito, é um sistema de conexões entre partes tais que possamos determinar uma a partir de outra. Uma das mais importantes ideias de Hume, e que ele fará valer particularmente contra a possibilidade de toda cosmologia e de toda teologia, é que não há conhecimento intensivo, sendo tão somente possível o conhecimento extensivo, entre partes. Mas esse esquematismo extensivo serve-se de dois tipos que correspondem às duas sortes de relações, as questões de fato e as relações de ideias. Hume nos diz que, no conhecimento, ora vamos das circunstâncias conhecidas às circunstâncias desconhecidas, ora vamos das relações conhecidas às relações desconhecidas. Encontramos aí uma distinção, cara a Hume, entre a prova e a certeza. Mas se a primeira operação, a da prova ou da *[145]* probabilidade, desenvolve sob a ação dos princípios um esquematismo da *causa*, que analisamos suficientemente em capítulos precedentes, como, em troca, se forma o esquematismo da segunda? Um é essencialmente físico e o outro é essencialmente matemático.

---

[12] *Tr.*, 185 [138]. *EEH*, 98-100.
[13] *EPM*, 151.

"Quando se especula sobre os triângulos, consideram-se as diversas relações conhecidas e dadas dessas figuras, inferindo-se daí uma relação desconhecida que depende das precedentes."[14]

Este segundo esquematismo parece-nos reportar-se, não mais à causa, mas à ideia geral. A função da ideia geral é ser menos uma ideia e mais a regra de produção da ideia da qual tenho necessidade.[15] Na causalidade, produzo um objeto como objeto de crença a partir de um outro objeto particular, conformando-me a regras de observação. A função matemática da ideia geral é diferente: consiste em produzir uma ideia como objeto de certeza a partir de uma outra ideia apreendida como uma regra de construção.

"Quando enunciamos um número elevado, por exemplo 1.000, o espírito geralmente não tem dele uma ideia adequada, mas somente o poder de produzir essa ideia pela ideia adequada que ele tem do sistema decimal em que esse número está compreendido."[16]

Porém, sob seus dois aspectos, esse esquematismo do conhecimento em geral não é extensivo apenas no sentido de ir de partes a partes, mas ele o é ainda no sentido de ser *transbordante*. A vivacidade, por si mesma, não é com efeito o produto dos princípios; as impressões de sensação são a origem do espírito, o bem da fantasia. Uma vez estabelecidas as relações, essas impressões tendem a comunicar sua vivacidade a toda ideia a elas ligada:[17] então, no *[146]* empirismo de Hume, um pouco como no racionalismo, os possíveis tendem ao ser com toda sua força. Ora, nem todas as relações se equivalem do ponto de vista da natureza humana; sabemos que nem todas têm o mesmo efeito "de reforço e de avivamento de nossas ideias", e que

---

[14] *EPM*, 150.
[15] *Tr.*, 90 [48].
[16] *Tr.*, 89 [47].
[17] *Tr.*, 185 [138].

a crença legítima deve necessariamente passar pela causalidade: sem dúvida, toda relação entre duas ideias é também a qualidade pela qual a impressão aviva a ideia que lhe está ligada, mas é preciso ainda que a ideia esteja ligada de maneira firme e constante, invariável.[18] Além disso, as impressões não se contentam em forçar as relações; elas as *simulam*, elas as fabricam ao sabor dos encontros. Eis aí, portanto, o sujeito que sofre as pressões, atormentado por miragens e solicitado pela fantasia. E suas paixões, suas disposições de momento levam-no a secundar as ficções. Numa palavra, não somos tão apenas sujeito, somos outra coisa ainda, somos um Eu, sempre escravo de sua origem. O fato é que há crenças ilegítimas, ideias gerais absurdas. Os princípios estabelecem entre as ideias relações que são também, para a impressão, leis de comunicação da vivacidade, mas é ainda preciso que a vivacidade, sem exceção, se conforme a essas leis. Eis por que, no esquematismo do conhecimento, há sempre regras transbordantes que devem ser corrigidas por outras regras: o esquematismo da causa deve conformar-se à experiência, e o esquematismo da ideia geral deve conformar-se ao espaço sob o duplo aspecto que define este: estrutura geométrica e unidade aritmética.[19] Assim, persiste no Eu toda uma polêmica entre o sujeito e a fantasia, ou melhor no próprio sujeito, *entre os princípios da natureza humana e a vivacidade da imaginação*, entre os princípios e as ficções. Sabemos como a ficção, para cada objeto do conhecimento, pode ser efetivamente corrigida, mas pronta para renascer com o objeto *[147]* seguinte. Porém, sabemos também como a ficção, para o mundo em geral no qual é conhecido todo objeto, se apodera dos princípios e os põe radicalmente a seu serviço.

Procuramos saber agora qual é a atividade do espírito na paixão. Os princípios da paixão fixam o espírito, dando-lhe fins, e eles o ativam porque as perspectivas desses fins são ao mesmo tempo motivos, disposições para agir, inclinações, interesses particulares. Em suma, eles dão ao nosso espírito uma "constituição natural", todo um jogo de paixões. No espírito, eles constituem afecções às quais propiciam

---

[18] *Tr.*, 187 [140].
[19] *Tr.*, 113-7 [71-6].

"um objeto próprio determinado".[20] Mas esse objeto próprio está sempre compreendido num sistema de circunstâncias e de relações dadas. Reencontramos aqui, justamente, a diferença fundamental entre o conhecimento e a paixão: na paixão, pelo menos de direito, todas as relações, todas as circunstâncias já estão dadas. Agripina é a mãe de Nero;

> "quando Nero mata Agripina, todas as relações entre essa mulher e ele, e todas as circunstâncias do fato lhe eram conhecidas de antemão; mas o motivo da vingança, do temor e do interesse prevaleceu em seu feroz coração."[21]

Portanto, sob o efeito dos princípios da paixão, a constituição natural do espírito não compreende somente o movimento de uma afecção que persegue seu objeto, mas, ainda, a reação de um espírito que responde à totalidade supostamente conhecida das circunstâncias e das relações. Em outros termos, nossas inclinações formam *visões gerais* sobre seus objetos; não são movidas apenas por conexões particulares, pelo atrativo do prazer presente.[22] É aí que reencontramos na paixão, como no conhecimento, mas de outra maneira, um dado irredutível da fantasia. Com efeito, se a afecção que persegue seu objeto forma visões gerais sobre esse mesmo objeto, *[148]* é porque ela e ele se refletem na imaginação, na fantasia. Os princípios da paixão só fixam o espírito se as paixões repercutem no espírito, nele se estendem, se refletem. A reação do espírito ao todo das circunstâncias se funde com essa reflexão da paixão no espírito; uma tal reação é produtiva, uma tal reflexão se chama invenção.

> "Sabiamente, a natureza estabeleceu que as conexões particulares prevaleceriam comumente sobre as visões e as considerações universais; de outro modo, nossas afecções e nossas ações se dissipariam e se perderiam por falta de um

[20] *EPM*, 86.
[21] *EPM*, 151.
[22] *EPM*, 96.

Conclusão: A finalidade

objeto próprio determinado [...] Mas também aqui, como para todos os sentidos, sabemos corrigir essas desigualdades pela reflexão, e reter um padrão geral de vício e de virtude, fundado sobretudo sobre a utilidade geral."[23]

O interesse geral é inventado: é a repercussão do interesse particular na imaginação, é o movimento de uma paixão que ultrapassa sua parcialidade. Só há interesse geral graças à imaginação, o artifício ou a fantasia; nem por isso ele entra menos na constituição natural do espírito como sentimento de humanidade, como cultura. É a reação do espírito à totalidade das circunstâncias e das relações; ele dá à ação uma regra em nome da qual ela possa ser julgada boa ou má *em geral*; podemos condenar Nero. Assim, tanto na paixão como no conhecimento, a atividade do espírito se funda sobre a fantasia. Há, portanto, um esquematismo moral. Mas nem por isso a diferença deixa de subsistir: já não é um esquematismo extensivo; é um esquematismo intensivo. A atividade do espírito já não consiste em ir de partes a partes, de relações conhecidas a relações desconhecidas, de circunstâncias conhecidas a circunstâncias desconhecidas, mas em reagir à totalidade supostamente conhecida das circunstâncias e das relações.

"Partindo de circunstâncias e de relações conhecidas ou supostas, a razão nos leva à descoberta de circunstâncias e de relações ocultas e desconhecidas; uma *[149]* vez colocadas diante de nós todas as circunstâncias e todas as relações, o gosto, sob o efeito do todo, nos leva a experimentar um novo sentimento de reprovação ou de aprovação."[24]

Como objeto de conhecimento, o círculo é uma conexão entre partes, é o lugar de pontos situados à igual distância de um ponto comum chamado centro; como objeto de sentimento, por exemplo estético, a figura é tomada como um todo ao qual o espírito reage, em conformidade com sua constituição natural.[25]

[23] *EPM*, 86.
[24] *EPM*, 155.
[25] *EPM*, 152.

Portanto, ao texto de Hume relativo ao conhecimento, segundo o qual as regras do entendimento se fundam em última instância na imaginação, responde agora um outro texto segundo o qual as regras da paixão, em última instância, se fundam também na imaginação.[26] Nos dois casos, a fantasia se encontra na fundação de um mundo, mundo da cultura e mundo da existência distinta e contínua. E sabemos que, tanto no esquematismo da moral como no do conhecimento, reencontramos regras transbordantes e regras corretivas. Porém, esses dois tipos de regras não têm entre si a mesma conexão no conhecimento e na moral. As regras transbordantes do conhecimento vinham diretamente contradizer os princípios de associação; corrigi-los era denunciar sua ficção; enfim, a posição de um mundo distinto e contínuo era, do ponto de vista dos princípios, tão somente o resíduo geral dessa própria ficção num plano em que ela já não podia ser corrigida. Por sua vez, as regras morais transbordantes, sem dúvida constrangem as paixões, delineiam também todo um mundo fictício; mas, em troca, esse mundo está em conformidade com os próprios princípios da paixão, contrariando somente o caráter limitativo do seu efeito. Integrando num todo as paixões que se excluem como interesses particulares, a *[150]* ficção estabelece aqui, com o interesse geral, uma adequação da paixão com seu princípio, uma adequação dos efeitos tomados em conjunto à sua causa, uma igualdade entre o efeito dos princípios e os próprios princípios. Encontra-se, portanto uma harmonia entre a ficção e os princípios da paixão. Eis por que o problema de uma conexão entre os princípios da natureza humana em geral e a fantasia só pode ser compreendido e resolvido na perspectiva particular da conexão dos princípios entre si. Se, no conhecimento, devemos crer segundo a causalidade, mas também crer na existência distinta e contínua; se a natureza humana não nos deixa escolha entre as duas, se bem que as duas sejam contraditórias do ponto de vista dos princípios de associação, é porque esses princípios, eles mesmos, não detêm o segredo da natureza humana. Isso quer dizer uma vez mais que a associação é *em prol* da paixão. Se os princípios da natureza humana agem separadamente no espírito, nem por isso deixam de nele constituir um sujeito que funciona em bloco. As ideias abstratas são

---

[26] *Tr.*, 622 [544].

Conclusão: A finalidade

submetidas às necessidades do sujeito, as relações são submetidas aos fins dele. Denominamos *finalidade intencional* essa unidade de um sujeito que funciona como um todo. Ao se pretender compreender o associacionismo como uma psicologia do conhecimento, perde-se sua significação. De fato, o associacionismo é somente a teoria de tudo o que é prático, é a teoria da ação, da moral, do direito.

Procuramos mostrar como os dois aspectos do sujeito se unem: o sujeito é o produto dos princípios no espírito, mas é também o espírito que se ultrapassa a si mesmo. O espírito devém sujeito pelo efeito dos princípios, de modo que o sujeito é ao mesmo tempo constituído pelos princípios e fundado na fantasia. Como assim? Por si mesmo, o espírito não é sujeito; é uma coleção dada de impressões e de ideias separadas. A impressão se define por sua vivacidade; a ideia se define como uma reprodução da impressão. Isso já quer dizer que, por si mesmo, o espírito tem duas qualidades próprias fundamentais: *ressonância* e *vivacidade*. Lembremo-nos da metáfora que aproxima o espírito de um instrumento de percussão. Quando devém ele *[151]* sujeito? Quando, de um lado, *ele mobiliza sua vivacidade de tal modo que uma parte (impressão), da qual essa vivacidade é a qualidade própria, comunica-a a uma outra parte (ideia)*, e, de outro lado, *quando todas as partes tomadas conjuntamente ressoam e produzem algo novo*. Eis os dois modos do ultrapassamento: a crença e a invenção; e o que estamos vendo é a conexão desses dois modos com as qualidades próprias originais do espírito. Ora, esses modos se apresentam como modificações do espírito pelos princípios, como efeitos dos princípios no espírito, princípios de associação e princípios da paixão.

Não se perguntará o que são os princípios, mas o que eles fazem. Não são seres, mas funções. Eles se definem pelos seus efeitos. Esses efeitos se reduzem ao seguinte: esses princípios constituem no dado um sujeito que inventa e crê. Nesse sentido, os princípios são princípios da natureza humana. Crer é esperar. Comunicar a uma ideia a vivacidade da impressão a que ela está ligada é esperar, é ultrapassar a memória e os sentidos. Para isso, é ainda preciso que haja relações entre as ideias, é preciso, por exemplo, que o calor esteja unido ao fogo; isso não implica apenas o dado, mas a ação de princípios, a experiência como um princípio, a semelhança e a contiguidade. E isso não é tudo; é preciso que, vendo de longe o fogo, acreditemos no calor, o que implica o hábito. O fato é que nunca o dado justificará as relações entre as partes separadas do dado, mesmo nos casos semelhantes, e nem a transição de uma parte a outra.

> "Não posso conceber clara e distintamente que um corpo, caindo das nuvens e que, sob todos os outros aspectos, se assemelhe à neve, tenha todavia o sabor do sal ou toque do fogo? Há uma proposição mais inteligível do que a afirmação de que todas as árvores florirão em dezembro?"[27]

E o sujeito não só espera, como também se conserva a si mesmo;[28] isso quer dizer que ele reage à totalidade das partes do dado, seja por *[152]* instinto, seja por invenção. Também aí, o fato é que o dado nunca reúne em um todo seus elementos separados. Em suma, crendo e inventando, fazemos do próprio dado uma *Natureza*. Eis aí onde a filosofia de Hume encontra seu ponto último: essa Natureza é conforme ao Ser; a natureza humana é conforme à Natureza, mas em que sentido? No dado, estabelecemos relações, formamos totalidades. Estas não dependem do dado, mas de princípios que conhecemos; são puramente funcionais. E essas funções concordam com os poderes ocultos dos quais o dado depende e que nós não conhecemos. Denominamos finalidade esse acordo da finalidade intencional com a Natureza. Esse acordo só pode ser pensado; e, sem dúvida, é o pensamento mais pobre e mais vazio. A filosofia deve se constituir como a teoria do que fazemos, não como a teoria do que é. O que fazemos tem seus princípios; e o Ser só pode ser apreendido como objeto de uma relação sintética com os próprios princípios daquilo que fazemos.

---

[27] *EEH*, 81.
[28] *EEH*, 102.

ÍNDICE DE NOMES E CORRENTES FILOSÓFICAS

Os números correspondem à paginação da já referida edição francesa, paginação preservada entre colchetes ao longo da tradução. A letra *n* indica citação em nota de rodapé.

Bentham, Jeremy, *31*
Bergson, Henri-Louis, *33*, *39*, *101*, *114*, *114n*, *115*, *127*
Burke, Edmund, *101n*
Comte, Auguste, *10*
Contratualismo, *26*, *35*, *42*
Criticismo, *125*
Descartes, René, *118*, *119*
Empirismo, *5*, *15*, *62*, *90-93*, *96-109*, *117*, *118*, *120-125*, *136*, *146*
Fisicalismo, *136*
Fontenelle, Bernard Le Bouyer de, *50*
Freud, Sigmund, *114*, *115*
Halévy, Élie, *45*
Hegel, G. W. F., *118*
James, William, *109*
Kant, Imannuel, *75*, *110*, *118*, *120-124*, *124n*, *125*, *125n*, *126*, *126n*, *129*, *136*
Laporte, Jean, *11n*, *100*
Leibniz, Gottfried, *121*
Maquiavel, Nicolau, *142*
Platão, *121*
Racionalismo, *13*, *146*
Russell, Bertrand, *109*
Tönnies, Ferdinand, *25*
Utilitarismo, *35*, *36*, *45*

BIBLIOGRAFIA DE GILLES DELEUZE

David Hume, sa vie, son oeuvre, avec un exposé de sa philosophie (com André Cresson). Paris: PUF, 1952.

Empirisme et subjectivité: essai sur la nature humaine selon Hume. Paris: PUF, 1953 [ed. bras.: *Empirismo e subjetividade: ensaio sobre a natureza humana segundo Hume*, trad. Luiz B. L. Orlandi, São Paulo: Editora 34, 2001].

Instincts et institutions: textes et documents philosophiques (organização, prefácio e apresentações de Gilles Deleuze). Paris: Hachette, 1953 [ed. bras.: "Instintos e instituições", trad. Fernando J. Ribeiro, in Carlos Henrique Escobar (org.), *Dossier Deleuze*, Rio de Janeiro: Hólon, 1991, pp. 134-7].

Nietzsche et la philosophie. Paris: PUF, 1962 [ed. bras.: *Nietzsche e a filosofia*, trad. Ruth Joffily Dias e Edmundo Fernandes Dias, Rio de Janeiro: Editora Rio, 1976; nova ed. bras.: trad. Mariana de Toledo Barbosa e Ovídio de Abreu Filho, São Paulo: n-1 edições, 2018].

La Philosophie critique de Kant. Paris: PUF, 1963 [ed. bras.: *Para ler Kant*, trad. Sônia Pinto Guimarães, Rio de Janeiro: Francisco Alves, 1976; nova ed. bras.: *A filosofia crítica de Kant*, trad. Fernando Scheibe, Belo Horizonte: Autêntica, 2018].

Proust et les signes. Paris: PUF, 1964; 4ª ed. atualizada, 1976 [ed. bras.: *Proust e os signos*, trad. da 4ª ed. fr. Antonio Piquet e Roberto Machado, Rio de Janeiro: Forense Universitária, 1987].

Nietzsche. Paris: PUF, 1965 [ed. port.: *Nietzsche*, trad. Alberto Campos, Lisboa: Edições 70, 1981].

Le Bergsonisme. Paris: PUF, 1966 [ed. bras.: *Bergsonismo*, trad. Luiz B. L. Orlandi, São Paulo: Editora 34, 1999 (incluindo os textos "A concepção da diferença em Bergson", 1956, trad. Lia Guarino e Fernando Fagundes Ribeiro, e "Bergson", 1956, trad. Lia Guarino)].

Présentation de Sacher-Masoch. Paris: Minuit, 1967 [ed. bras.: *Apresentação de Sacher-Masoch*, trad. Jorge Bastos, Rio de Janeiro: Taurus, 1983; nova ed. como *Sacher-Masoch: o frio e o cruel*, Rio de Janeiro: Zahar, 2009].

Différence et répétition. Paris: PUF, 1968 [ed. bras.: *Diferença e repetição*, trad. Luiz B. L. Orlandi e Roberto Machado, Rio de Janeiro: Graal, 1988, 2ª ed., 2006; 3ª ed., Rio de Janeiro: Paz e Terra, 2018].

Spinoza et le problème de l'expression. Paris: Minuit, 1968 [ed. bras.: *Espinosa e o problema da expressão*, trad. GT Deleuze — 12, coord. Luiz B. L. Orlandi, São Paulo: Editora 34, 2017].

Logique du sens. Paris: Minuit, 1969 [ed. bras.: *Lógica do sentido*, trad. Luiz Roberto Salinas Fortes, São Paulo: Perspectiva, 1982].

Spinoza. Paris: PUF, 1970 [ed. port.: *Espinoza e os signos*, trad. Abílio Ferreira, Porto: Rés-Editora, s.d.].

L'Anti-Œdipe: capitalisme et schizophrénie 1 (com Félix Guattari). Paris: Minuit, 1972 [ed. bras.: *O anti-Édipo: capitalismo e esquizofrenia 1*, trad. Georges Lamazière. Rio de Janeiro: Imago, 1976; nova ed. bras.: trad. Luiz B. L. Orlandi, São Paulo: Editora 34, 2010].

Kafka: pour une littérature mineure (com Félix Guattari). Paris: Minuit, 1975 [ed. bras.: *Kafka: por uma literatura menor*, trad. Júlio Castañon Guimarães, Rio de Janeiro: Imago, 1977; nova ed. bras.: trad. Cíntia Vieira da Silva, Belo Horizonte: Autêntica, 2014].

Rhizome (com Félix Guattari). Paris: Minuit, 1976.

Dialogues (com Claire Parnet). Paris: Flammarion, 1977; nova edição, 1996 [ed. bras.: *Diálogos*, trad. Eloisa Araújo Ribeiro, São Paulo: Escuta, 1998; nova ed. bras.: trad. Eduardo Mauricio da Silva Bomfim, São Paulo: Lumme, 2017].

Superpositions (com Carmelo Bene). Paris: Minuit, 1979.

Mille plateaux: capitalisme et schizophrénie 2 (com Félix Guattari). Paris: Minuit, 1980 [ed. bras. em cinco volumes: *Mil platôs: capitalismo e esquizofrenia 2* — *Mil platôs*: vol. 1, trad. Aurélio Guerra Neto e Célia Pinto Costa, Rio de Janeiro: Editora 34, 1995 — *Mil platôs*: vol. 2, trad. Ana Lúcia de Oliveira e Lúcia Cláudia Leão, Rio de Janeiro: Editora 34, 1995 — *Mil platôs*, vol. 3, trad. Aurélio Guerra Neto, Ana Lúcia de Oliveira, Lúcia Cláudia Leão e Suely Rolnik, São Paulo: Editora 34, 1996 — *Mil platôs*, vol. 4, trad. Suely Rolnik, São Paulo: Editora 34, 1997 — *Mil platôs*, vol. 5, trad. Peter Pál Pelbart e Janice Caiafa, São Paulo: Editora 34, 1997].

Spinoza: philosophie pratique. Paris: Minuit, 1981 [ed. bras.: *Espinosa: filosofia prática*, trad. Daniel Lins e Fabien Pascal Lins, São Paulo: Escuta, 2002].

Francis Bacon: logique de la sensation, vols. 1 e 2. Paris: Éd. de la Différence, 1981, 2ª ed. aumentada, 1984 [ed. bras.: *Francis Bacon: lógica da sensação* (vol. 1), trad. Aurélio Guerra Neto, Bruno Lara Resende, Ovídio de Abreu, Paulo Germano de Albuquerque e Tiago Seixas Themudo, coord. Roberto Machado, Rio de Janeiro: Zahar, 2007].

Cinéma 1 — L'Image-mouvement. Paris: Minuit, 1983 [ed. bras.: *Cinema 1 — A imagem-movimento*, trad. Stella Senra, São Paulo: Brasiliense, 1985; 2ª ed. revista, São Paulo: Editora 34, 2018].

Cinéma 2 — L'Image-temps. Paris: Minuit, 1985 [ed. bras.: *Cinema 2 — A imagem-tempo*, trad. Eloisa Araújo Ribeiro, São Paulo: Brasiliense, 1990; 2ª ed. revista, São Paulo: Editora 34, 2018].

Foucault. Paris: Minuit, 1986 [ed. bras.: trad. Claudia Sant'Anna Martins, São Paulo: Brasiliense, 1988].

Le Pli: Leibniz et le baroque. Paris: Minuit, 1988 [ed. bras.: *A dobra: Leibniz e o barroco*, trad. Luiz B. L. Orlandi, Campinas: Papirus, 1991; 2ª ed. revista, 2000].

Périclès et Verdi: la philosophie de François Châtelet. Paris: Minuit, 1988 [ed. bras.: *Péricles e Verdi: a filosofia de François Châtelet*, trad. Hortência S. Lencastre, Rio de Janeiro: Pazulin, 1999].

Pourparlers (1972-1990). Paris: Minuit, 1990 [ed. bras.: *Conversações (1972-1990)*, trad. Peter Pál Pelbart, Rio de Janeiro: Editora 34, 1992].

Qu'est-ce que la philosophie? (com Félix Guattari). Paris: Minuit, 1991 [ed. bras.: *O que é a filosofia?*, trad. Bento Prado Jr. e Alberto Alonso Muñoz, Rio de Janeiro: Editora 34, 1992].

L'Épuisé, em seguida a *Quad, Trio du Fantôme, ... que nuages..., Nacht und Träume* (de Samuel Beckett). Paris: Minuit, 1992 [ed. bras.: *Sobre o teatro: O esgotado e Um manifesto de menos*, trad. Fátima Saadi, Ovídio de Abreu e Roberto Machado, intr. Roberto Machado, Rio de Janeiro: Zahar, 2010].

Critique et clinique. Paris: Minuit, 1993 [ed. bras.: *Crítica e clínica*, trad. Peter Pál Pelbart, São Paulo: Editora 34, 1997].

L'Île déserte et autres textes (textes et entretiens 1953-1974) (org. David Lapoujade). Paris: Minuit, 2002 [ed. bras.: *A ilha deserta e outros textos (textos e entrevistas 1953-1974)*, trad. Cíntia Vieira da Silva, Christian Pierre Kasper, Daniel Lins, Fabien Pascal Lins, Francisca Maria Cabrera, Guido de Almeida, Hélio Rebello Cardoso Júnior, Hilton F. Japiassú, Lia de Oliveira Guarino, Fernando Fagundes Ribeiro, Luiz B. L. Orlandi, Milton Nascimento, Peter Pál Pelbart, Roberto Machado, Rogério da Costa Santos, Tiago Seixas Themudo, Tomaz Tadeu e Sandra Corazza, coord. e apr. Luiz B. L. Orlandi, São Paulo: Iluminuras, 2006].

Deux régimes de fous (textes et entretiens 1975-1995) (org. David Lapoujade). Paris: Minuit, 2003 [ed. bras.: *Dois regimes de loucos: textos e entrevistas (1975-1995)*, trad. Guilherme Ivo, rev. técnica Luiz B. L. Orlandi, São Paulo: Editora 34, 2016].

Lettres et autres textes (org. David Lapoujade). Paris: Minuit, 2015 [ed. bras.: *Cartas e outros textos*, trad. Luiz B. L. Orlandi, São Paulo: n-1 edições, 2018].

SOBRE O AUTOR

Gilles Deleuze nasceu em 18 de janeiro de 1925, em Paris, numa família de classe média. Perdeu seu único irmão, mais velho do que ele, durante a luta contra a ocupação nazista. Gilles apaixonou-se por literatura, mas descobriu a filosofia nas aulas do professor Vial, no Liceu Carnot, em 1943, o que o levou à Sorbonne no ano seguinte, onde obteve o Diploma de Estudos Superiores em 1947 com um estudo sobre David Hume (publicado em 1953 como *Empirismo e subjetividade*). Entre 1948 e 1957 lecionou no Liceu de Amiens, no de Orléans e no Louis-Le-Grand, em Paris. Já casado com a tradutora Fanny Grandjouan em 1956, com quem teve dois filhos, trabalhou como assistente em História da Filosofia na Sorbonne entre 1957 e 1960. Foi pesquisador do CNRS até 1964, ano em que passou a lecionar na Faculdade de Lyon, lá permanecendo até 1969. Além de Jean-Paul Sartre, teve como professores Ferdinand Alquié, Georges Canguilhem, Maurice de Gandillac, Jean Hyppolite e Jean Wahl. Manteve-se amigo dos escritores Michel Tournier, Michel Butor, Jean-Pierre Faye, além dos irmãos Jacques e Claude Lanzmann e de Olivier Revault d'Allonnes, Jean-Pierre Bamberger e François Châtelet. Em 1962 teve seu primeiro encontro com Michel Foucault, a quem muito admirava e com quem estabeleceu trocas teóricas e colaboração política. A partir de 1969, por força dos desdobramentos de Maio de 1968, firmou sua sólida e produtiva relação com Félix Guattari, de que resultaram livros fundamentais como *O anti-Édipo* (1972), *Mil platôs* (1980) ou *O que é a filosofia?* (1991). De 1969 até sua aposentadoria em 1987 deu aulas na Universidade de Vincennes (hoje Paris VIII), um dos centros do ideário de Maio de 68. Em 1995, quando o corpo já doente não pôde sustentar a vitalidade de seus encontros, o filósofo decide conceber a própria morte: seu suicídio ocorre em Paris em 4 de novembro desse ano. O conjunto de sua obra — em que se destacam ainda os livros *Diferença e repetição* (1968), *Lógica do sentido* (1969), *Cinema 1: A imagem-movimento* (1983), *Cinema 2: A imagem-tempo* (1985), *Crítica e clínica* (1993), entre outros — deixa ver, para além da pluralidade de conexões que teceu entre a filosofia e seu "fora", a impressionante capacidade de trabalho do autor, bem como sua disposição para a escrita conjunta, e até para a coescrita, como é o caso dos livros assinados com Guattari.

SOBRE O TRADUTOR

Luiz B. L. Orlandi nasceu em Jurupema, antiga Jurema, interior do estado de São Paulo, em 1936. Graduou-se em Pedagogia pela Faculdade de Filosofia, Ciências e Letras de Araraquara no ano de 1964, cursando em seguida Pós-Graduação em Filosofia na Universidade de São Paulo. Em 1968 tornou-se professor do Departamento de Filosofia da Universidade Estadual de Campinas e, graças a uma bolsa de estudos da FAPESP, transferiu-se para a França, onde obteve os certificados de Estudos Superiores em Linguística Francesa (1969) e Estilística Literária do Francês (1970) pela Universidade de Besançon, a mesma na qual licenciou-se em Letras e defendeu sua dissertação de mestrado sobre a poética de Tzvetan Todorov, redigida em Paris enquanto seguia os cursos do linguista Oswald Ducrot na École Pratique des Hautes Études.

De volta ao Brasil, tornou-se doutor em Filosofia pela Unicamp, em 1974, com um estudo sobre o problema da linguagem na obra de Maurice Merleau-Ponty, mais tarde publicado em livro (*A voz do intervalo*, Ática, 1980). Foi diretor do Instituto de Filosofia e Ciências Humanas da Unicamp (1984-89) e chefe do Departamento de Filosofia (1990-92), sendo atualmente professor titular desse departamento e também professor do Núcleo de Estudos da Subjetividade da Pontifícia Universidade Católica de São Paulo. É autor também de *Falares de malquerença* (Unicamp, 1983), *A diferença* (organização, Unicamp, 2005) e *Arrastões na imanência* (Phi, 2018).

A partir da década de 80 passa a se dedicar regularmente à tradução, atividade que mantém em paralelo com as de professor e ensaísta. Da obra de Gilles Deleuze — da qual é um dos grandes intérpretes no Brasil — traduziu *Diferença e repetição* (com Roberto Machado, Graal, 1988), *A dobra: Leibniz e o barroco* (Papirus, 1991), *Bergsonismo* (Editora 34, 1999), *Empirismo e subjetividade* (Editora 34, 2001) e *Cartas e outros textos* (n-1 edições, 2018), além de *A ilha deserta e outros textos* (Iluminuras, 2006) e *Espinosa e o problema da expressão* (Editora 34, 2017), como coordenador da tradução coletiva. Traduziu ainda *O anti-Édipo*, de Gilles Deleuze e Félix Guattari (Editora 34, 2010), e *Deleuze: uma filosofia do acontecimento*, de François Zourabichvili (Editora 34, 2016).

Este livro foi composto em Sabon, pela Bracher & Malta, com CTP da New Print e impressão da Graphium em papel Pólen Soft 80 g/m² da Cia. Suzano de Papel e Celulose para a Editora 34, em julho de 2020.